全国城市轨道交通专业高职高专规划教材

Chengshi Guidao Jiaotong Keyun Fuwu

城市轨道交通客运服务

（第2版）

主　编　高　蓉
副主编　刘莉娜
主　审　王　英 [北京京港地铁有限公司]

人民交通出版社

内 容 提 要

本书是全国城市轨道交通专业高职高专规划教材。主要内容包括：城市轨道交通客运服务概述、城市轨道交通客运服务人员的礼仪要求、城市轨道交通车站客运服务、乘客投诉处理、城市轨道交通客运服务质量评价实例。

本书是城市轨道交通专业的核心教材，可供高职、中职院校教学选用，也可作为城市轨道交通行业岗位培训或自学用书，同时可供城市轨道交通行业工程技术人员学习参考。

＊本书配有多媒体课件，读者可通过加入职教轨道教学研讨群（QQ群129327355）索取。

图书在版编目（CIP）数据

城市轨道交通客运服务／高蓉主编. —2版. —北京：人民交通出版社，2012.8
　全国城市轨道交通专业高职高专规划教材
　ISBN 978-7-114-09922-9

　Ⅰ.①城… Ⅱ.①高… Ⅲ.①城市铁路－客运服务－高等职业教育－教材 Ⅳ.①U239.5

　中国版本图书馆CIP数据核字（2012）第152192号

全国城市轨道交通专业高职高专规划教材
书　　名：**城市轨道交通客运服务**（第2版）
著 作 者：高　蓉
责任编辑：袁　方　郝瑞苹
出版发行：人民交通出版社
地　　址：（100011）北京市朝阳区安定门外外馆斜街3号
网　　址：http://www.ccpress.com.cn
销售电话：（010）59757973
总 经 销：人民交通出版社发行部
经　　销：各地新华书店
印　　刷：中国电影出版社印刷厂
开　　本：787×1092　1/16
印　　张：8.5
字　　数：174千
版　　次：2011年6月　第1版　2012年8月　第2版
印　　次：2020年12月　第11次印刷　总第25次印刷
书　　号：ISBN 978-7-114-09922-9
定　　价：33.00元

（有印刷、装订质量问题的图书由本社负责调换）

全国城市轨道交通专业高职高专规划教材编审委员会

主　　任：施建年（北京交通运输职业学院）
副 主 任：（按姓氏笔画排序）
　　　　　王　彤（辽宁省交通高等专科学校）
　　　　　李加林（广东交通职业技术学院）
　　　　　杨金华（云南交通职业技术学院）
特邀专家：（按姓氏笔画排序）
　　　　　尹相勇（北京交通大学交通运输学院）　　王　英（北京京港地铁有限公司）
　　　　　史小俊（苏州轨道交通有限公司）　　　　刘卫民（长春市轨道交通集团有限公司）
　　　　　佟关林（北京市地铁运营有限公司）　　　周庆灏（上海申通地铁集团有限公司）
　　　　　林伟光（北京京港地铁有限公司）　　　　郑树森（香港铁路有限公司）
　　　　　徐树亮（南京地下铁道有限责任公司）　　徐新玉（苏州大学城市轨道交通学院）
委　　员：（按姓氏笔画排序）
　　　　　万国荣（广西交通职业技术学院）　　　　王　华（四川交通职业技术学院）
　　　　　王劲松（广东交通职业技术学院）　　　　王建立（北京铁路电气化学校）
　　　　　王　越（辽宁铁道职业技术学院）　　　　田　文（湖北交通职业技术学院）
　　　　　邝青梅（广东省交通运输技师学院）　　　刘　奇（西安铁路职业技术学院）
　　　　　刘　杰（北京市电气工程学校）　　　　　刘柱军（黑龙江第二技师学院）
　　　　　吕建清（青岛港湾职业技术学院）　　　　江　薇（武汉市交通学校）
　　　　　张洪革（辽宁省交通高等专科学校）　　　张　莹（湖南铁道职业技术学院）
　　　　　张　燕（成都市工业职业技术学校）　　　李士涛（南京交通职业技术学院）
　　　　　李中秋（河北交通职业技术学院）　　　　李　军（北京交通运输职业学院）
　　　　　李志成（安徽交通职业技术学院）　　　　李　季（北京市自动化工程学校）
　　　　　杨亚芬（云南交通职业技术学院）　　　　汪成林（武汉铁路职业技术学院）
　　　　　汪武芽（江西交通职业技术学院）　　　　沈　艳（哈尔滨铁道职业技术学院）
　　　　　单　侠（北京市外事学校）　　　　　　　周秀民（吉林交通职业技术学院）
　　　　　罗建华（北京地铁技术学校）　　　　　　范玉红（南通航运职业技术学院）
　　　　　俞素平（福建船政交通职业学院）　　　　耿幸福（南京铁道职业技术学院）
　　　　　郭凯明（甘肃交通职业技术学院）　　　　都娟丽（西安科技商贸职业学院）
　　　　　阎国强（上海交通职业技术学院）　　　　谭　恒（广州市交通运输职业学校）
秘　　书：袁　方（人民交通出版社）

出版说明

21世纪初,随着我国城市轨道交通建设进入快速发展时期,各地职业院校面临这一大好形势,纷纷开设了城市轨道交通相关专业。为了满足我国城市轨道交通专业高职高专教育对教材建设的需求,我们在人民交通出版社2009年推出的"全国职业教育城市轨道交通专业规划教材"基础上,协同中国交通教育研究会职业教育分会城市轨道交通专业委员会,组织北京交通运输职业学院、南京铁道职业技术学院、上海交通职业技术学院、湖南铁道职业技术学院、广东交通职业技术学院、辽宁省交通高等专科学校等一线资深教师组成的编写团队,同时组建由北京交通大学交通运输学院、苏州大学城市轨道交通学院、香港地铁、北京地铁、京港地铁、上海地铁、南京地铁等资深专家组成的主审团队,联合编写审定了"全国城市轨道交通专业高职高专规划教材"。

为了做好教材编写工作,促进和规范城市轨道交通行业职业教育教材体系的建设,打造更为精品的城市轨道交通专业教材,我们根据目前职业教育"校企合作,工学结合"的教学改革形势,在多方面征求各院校的意见后,于2012年推出以下16种:

《城市轨道交通概论(第2版)》

《城市轨道交通客运服务英语(第2版)》

《城市轨道交通客运组织(第2版)》

《城市轨道交通行车组织(第2版)》

《城市轨道交通运营安全(第2版)》

《城市轨道交通票务管理(第 2 版)》
《城市轨道交通车站设备(第 2 版)》
《城市轨道交通客运服务(第 2 版)》
《城市轨道交通通信信号(第 2 版)》
《城市轨道交通车辆构造》
《城市轨道交通导论》
《城市轨道交通运营组织》
《城市轨道交通通信与信号系统》
《城市轨道交通安全管理》
《城市轨道交通设备管理》
《城市轨道交通调度指挥》

本套教材具有以下特点:

1. 体现了工学结合的优势。教材编写过程努力做到了校企结合,将北京、上海、广州、南京等地先进的地铁运营管理经验吸收进来,极大地丰富了教材内容。

2. 突出了职业教育的特色。教材内容的组织围绕职业能力的形成,侧重于实际工作岗位操作技能的培养。

3. 遵循了形式服务于内容的原则。教材对理论的阐述以应用为目的,以够用为尺度。语言简洁明了,通俗易懂;版式生动活泼、图文并茂。

4. 整套教材配有教学课件,读者可于人民交通出版社网站免费下载;单元后附有复习思考题,部分单元还附有实训内容。

5. 整套教材配有课程标准,以便师生教学参考。

希望该套教材的出版对职业院校城市轨道交通专业教材体系建设有所裨益。

全国城市轨道交通专业高职高专规划教材
编审委员会
2012 年 7 月

前言

目前,我国的城市轨道交通正处在快速发展时期,据不完全统计,现已开通运营、在建和正在规划建设城市轨道交通的城市已达 40 多个。城市轨道交通的大规模发展,造成城市轨道交通行业专业技术人员、管理人员和技术工人的严重匮乏,这对担负着该行业主要人才输送的职业院校也提出了越来越高的要求。

为适应目前职业教育"校企合作,工学结合"的人才培养模式,本书组织了具有丰富轨道交通岗前培训经验的教师和地铁一线的工作人员进行编写,针对城市轨道交通运营企业的岗位需求,系统阐述了城市轨道交通客运服务与礼仪的相关内容。

在本书的编写过程中,强调以能力培养为本位,结合教学实践,在阐述了城市轨道交通客运服务与礼仪基本要求的基础上,增加了礼仪实训与指导,融入大量的案例分析和实际问题处理,侧重培养学生解决实际问题和拓展思考的能力。

本书的编写采取了校企合作的方式,得到了北京地铁、京港地铁、广州地铁、上海地铁、北京交通运输职业学院、上海交通职业技术学院等单位的大力支持,还引用了大量国内外作者发表的有关城市轨道交通的文献,以及北京、广州、上海、香港等城市轨道交通运营企业的运营资料和相关文献。在此谨向有关专家及部门致以衷心的感谢。

本书由北京交通运输职业学院高蓉担任主编,刘莉娜担任副主编。具体分工如下:许思莹、任雪莲编写单元1;单侠、周丽、毛昱洁编写单元2;高蓉编写单元3、4;刘莉娜编写单元5。为了方便教师和学生,本书还配有电子课件,可于人民交通出版社网站下载使用。

  由于编者水平有限,书中难免有不足之处,敬请读者批评指正。

编　者
2012 年 7 月

目录 MULU

单元1 城市轨道交通客运服务概述 ············· 1
  1.1 城市轨道交通客运服务的基本特性及分类 ············· 2
  1.2 城市轨道交通客运服务的基本内容 ············· 4
  1.3 城市轨道交通客运服务的核心要素及要求 ············· 6
  复习与思考 ············· 9

单元2 城市轨道交通客运服务人员的基本礼仪 ············· 10
  2.1 仪容礼仪 ············· 11
  2.2 服饰礼仪 ············· 18
  2.3 仪态礼仪 ············· 25
  2.4 沟通礼仪 ············· 35
  复习与思考 ············· 43

单元3 城市轨道交通车站客运服务 ············· 44
  3.1 城市轨道交通客运服务的基本要求 ············· 45
  3.2 乘客服务中心（售票亭）服务 ············· 52
  3.3 站厅服务 ············· 61
  3.4 站台服务 ············· 70
  3.5 车站应急服务与特殊乘客服务 ············· 74
  3.6 列车司机服务 ············· 78
  3.7 车站维修人员服务 ············· 80
  3.8 城市轨道交通客运服务技巧 ············· 81
  复习与思考 ············· 83

单元4 乘客投诉处理 ············· 84
  4.1 乘客投诉分析 ············· 85
  4.2 乘客投诉处理的原则 ············· 88
  4.3 乘客投诉处理技巧 ············· 93
  4.4 乘客投诉案例分析 ············· 97
  复习与思考 ············· 101

单元 5　城市轨道交通服务质量评价 ································· 103
　5.1　城市轨道交通服务质量概述 ······································· 104
　5.2　城市轨道交通服务质量评价模型与方法 ··················· 108
　5.3　城市轨道交通客运服务质量评价实例 ······················· 117
　　复习与思考 ··· 121
附录《城市轨道交通客运服务（第 2 版）》课程标准 ·············· 122
参考文献 ··· 125

单元 1

城市轨道交通客运服务概　　述

 教学目标

1. 了解城市轨道交通客运服务的基本特性；
2. 了解城市轨道交通客运服务的基本内容；
3. 了解城市轨道交通服务客运服务人员的素质要求。

 建议学时

2 学时

1.1 城市轨道交通客运服务的基本特性及分类

城市轨道交通客运服务是指在城市轨道交通系统内,轨道交通运营企业为乘客安全、准时、快捷、方便、经济、舒适、文明乘车而直接开展的服务工作。客运服务作为城市轨道交通运营管理的重要组成部分,它不仅是反映城市轨道交通服务质量的一个重要因素,也是保证城市轨道交通运营企业竞争力的关键。

一、城市轨道交通客运服务的基本特性

1 无形性

客运服务属于无形产品,乘客在购买服务之前,看不见,摸不着,闻不到,这就要求作为服务提供者的城市轨道交通运营企业必须增加服务的有形性,尽可能通过实物的方式来表现出自身的服务水平,如整洁的车站环境、有序的客流组织、清晰明确的导向标志等。

 想一想

城市轨道交通客运服务水平可以通过哪些有形性方式来体现?

2 即时性

客运服务的即时性是指城市轨道交通客运服务具有无法储存的特点。服务过程一结束,服务就消失,乘客即使不满意也无法更换或退回服务,这样,就不能像有形产品那样通过更换商品来使乘客满意,从而挽回影响。

客运服务的即时性使城市轨道交通运营企业对服务供给量及服务时间难以进行准确的预测,从而造成运营企业不能准确根据服务市场的供求变化来调节自身的服务供给,容

易造成客运服务能力供给不足或浪费。

3 同时性

客运服务的同时性是指客运服务的生产过程和消费过程在空间和时间上同时并存,同时进行。从运营企业来说,运输过程就是服务的生产过程,而从乘客的角度来看则是消费过程。一方面,乘客参与服务提供的过程;另一方面,乘客的参与对运营企业的服务时间、服务质量和服务设施的提供都造成了不确定性,从而给服务质量的管理和控制带来了困难。

4 差异性

客运服务的水准和质量常因人、因地、因时而异,任何条件和心理的变化都有可能出现服务的差异。服务是由客运服务人员通过劳动来完成的,而每位服务人员由于年龄、性别、性格、素质和文化程度等方面的不同,他们为乘客提供的运输服务也不尽相同,即使是同一员工,在不同的场合,不同的时间,或面对不同的乘客,其服务态度和服务方式也会有一定的差异;同时,对于乘客来说,在不同的时间也会存在服务需求的差异。服务的差异性给服务评价带来了更多的不可量化性。

二 城市轨道交通客运服务的分类

1 按服务时间和销售时间划分

按服务时间和销售时间划分,可以将服务划分为售前服务、售中服务和售后服务。售前服务是指服务时间早于销售时间的服务,售中服务是指服务时间与销售时间同步的服务,售后服务是指服务时间晚于销售时间的服务。

对于城市轨道交通客运服务来说,既有售前服务,又有售中服务和售后服务。售前服务是指乘客购票之前接受的服务,主要包括乘客到达车站后的问询服务、自助查询服务、导向服务等;售中服务是指乘客在购票过程中享受的服务,主要包括乘客的购票服务、找零服务、兑换服务和问询服务等;售后服务是指乘客购票进入车站付费区后的全部服务,它占有的比重最大,主要包括检票服务、列车服务、站台服务等,一旦在该服务中出现缺失,将会给运营企业带来更多的不良影响。

2 按照提供服务的主体划分

按照提供服务的主体划分,可以将服务划分为自助服务和人工服务。
(1)自助服务主要是通过自助设备设施向乘客提供所需要的服务,如自动售票机提供的售票、充值和查询服务。在该种服务下,服务人员必须保证设备设施的干净整洁和可操作性。

(2)人工服务主要是依靠服务人员与乘客的交流,询问相关信息,利用相关设备提供乘客所需要的服务,如安检服务、售票服务等。该类服务中,服务人员的服务态度和工作效率则具有至关重要的作用。

想一想

城市轨道交通车站内自助服务的设备有哪些?如何保证其可操作性?

3 按照是否需要和乘客直接接触划分

按照是否需要和乘客直接接触划分,可以将服务划分为前台服务和后台服务。

(1)前台服务是指直接和乘客接触的服务,这类服务直接面向乘客,形成乘客对服务质量的感知。因此,前台服务是服务的核心。

(2)后台服务不直接面向乘客,而是为前台服务提供的技术性和管理性工作,它是对前台服务的一种支持。

1.2 城市轨道交通客运服务的基本内容

一 城市轨道交通运营企业的总体服务

城市轨道交通运营企业的总体服务框图见图1-1。

二 车站客运服务的基本内容及乘客出行需求

乘客在出行时会面临选择何种交通工具的问题,而城市轨道交通因能给乘客带来安全、快速、舒适、经济的服务,常作为首要选择。城市轨道交通乘客出行需求图见图1-2。

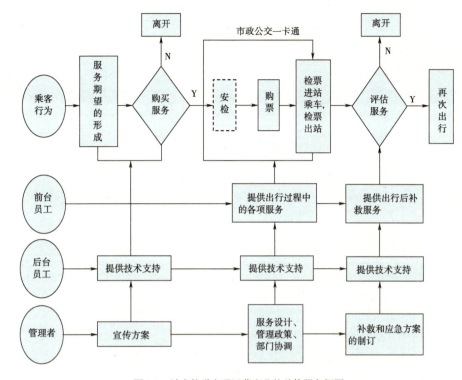

图1-1 城市轨道交通运营企业的总体服务框图

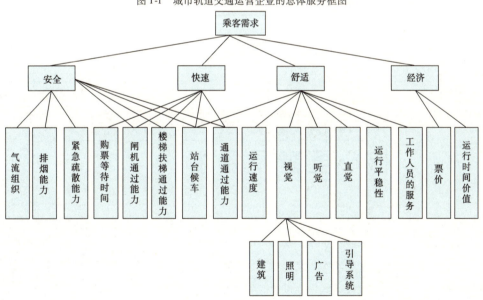

图1-2 城市轨道交通乘客出行需求图

乘客从进入地铁车站开始就接受服务,一直到乘客在目的地下车出站。因此乘客乘坐地铁的过程就是车站服务的过程。一般来说,车站客运服务的基本内容主要包括进站服务、安检服务、购票充值服务、刷卡进站服务、乘客候车服务、乘客上下车服务、乘客刷卡出站服务等。按照乘客接受服务的地点,车站服务又可以划分为乘客服务中心服务、站台层服务和站厅层服务,具体如图1-3所示。

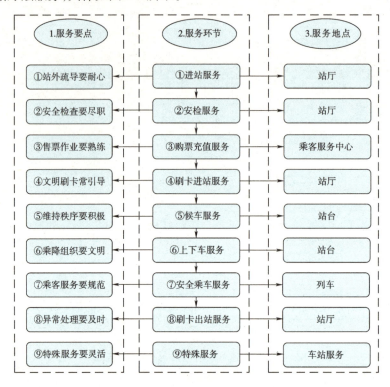

图1-3　城市轨道交通车站客运服务的基本内容

1.3 城市轨道交通客运服务的核心要素及要求

一、城市轨道交通客运服务的核心要素

城市轨道交通的服务对象是所有乘坐轨道交通的乘客,乘客选择城市轨道交通出行,其主要需求是安全准时地到达目的地,同时也要求购票方便、候车舒适、乘车便捷、服务良好等。因此,车站客运服务的核心要素主要包括人员要素、环境要素和附加服务。

1 人员要素

(1) 正面的服务心态

①正面开朗:保持正面的心态和开朗的心境,不但可以令服务人员多些笑容,少些皱纹;更可以让其在面对挑战和冲突时,容易控制自我情绪并有效地处理问题。

②体贴关心:人与人之道贵乎真诚,而乘客服务之道亦是如此。只要以乘客为先,致力于诚恳的态度,用心主动关怀乘客,自然会有好的服务效果。

③将心比心:要真正了解乘客的需求和感受,应从乘客的角度出发,运用同情心去聆听、回应及灵活处理每一位乘客的需求。只要能易地而处,关心及尊重乘客,就能超出他们所想,满足他们的需求。

(2) 良好的仪容仪表

①乘客最常见到的是车站服务人员,第一印象非常重要,一个好的开始就是成功的一半,作为服务人员需要时刻保持制服清洁和整齐,时刻佩戴工牌。

②保持良好的仪表可以使乘客产生亲切感和信心。

(3) 娴熟的服务技能

①作为车站工作人员,需要不断学习运营新知识,熟悉相关的法律法规,掌握各种服务技能和技巧。

②在工作过程中需要将各种服务规程、操作程序和标准融入服务中去,不断磨炼自己的基本功,提高服务水平。

2 环境要素

(1) 安全整洁的环境

①服务人员应时刻具备安全意识,留意任何有危险性的事件,及时发现并处理安全隐患,减少发生意外的概率。

②维护城市轨道交通运营企业和乘客的利益,制止违法行为,礼貌劝阻乘客的不当行为,制止违反城市轨道交通运营企业规定的行为。

③保持乘车环境的整洁,提升乘客满意度。

(2) 清晰明确的引导系统

①引导系统可以使乘客安全、顺畅、快速地完成整个出行,避免乘客滞留引起车站拥堵,在紧急疏散时,还可以清晰地引导乘客顺利离开危险区。

②车站导向标志应当设置于容易看到的位置,方便乘客看到和做出抉择。避免导向标志被地铁内其他设备遮挡,导向标志和广告、商业标志等不能放在一起,以免乘客看不清导向标志。

③导向标志需要连续设置,指导人们到达目的地,期间不能出现标志视觉盲区。各标志之间的距离要适当安排,过长则视线缺乏连贯及序列感,过短会造成视觉过度紧张,可视性差。

3 附加服务

附加服务主要是指提供乘车服务以外的服务,主要包括公用电话服务、书报亭服务、自动取款机、自动售卖机的服务等。

 议一议

在城市轨道交通运营过程中,常见的乘客不当行为有哪些?

二 城市轨道交通服务人员的服务要求

1 主动热情

日本的一家服务企业对服务员的面试十分独特,在面试时突然中断,然后安排另一个人向这名应试者询问某个问题,比如询问洗手间在什么位置。他们得到的回答通常有三种:第一种是直接回答"我不知道";第二种回答是不知道,并说明自己的身份;第三种回答是:"对不起,我是来面试的,不过我去帮您问一下,然后告诉您。"对于第一种回答的应试者,公司是不会录用的,而对于第三种回答的应试者将会安排到重要的岗位。因为,能否积极主动地提供服务是对一名服务人员最基本的要求。

主动热情是指服务人员即使在乘客暂时不需要服务时,也要眼观六路,耳听八方,心里想着乘客、眼里看着乘客,为乘客提供服务。优秀的服务人员往往能够在乘客尚未发出"请提供服务"信息之前就能察言观色,主动服务。除此以外,客运服务人员要保持持久的热情。无论乘客如何挑剔,也无论受到了多大的委屈,始终要以积极热情的态度面对每一位乘客,这种热情要建立在以服务为荣的基础上,要记住,不能控制情绪的服务人员是肯定做不好服务工作的。

2 控制情绪

作为一名优秀的客运服务人员,应善于控制自己的情绪、约束自己的情感、克制自己的举动,不论与哪一类型的乘客接触,无论发生什么问题,都能够做到镇定自若,不失礼于人。

当乘客有不满情绪时,往往会对服务人员提出批评,这种批评可能会在不同场合以不同方式提出来。当乘客在公开场合向服务人员疾言厉声时,往往会使人难以接受。遇到这种情况,客运服务人员首先需要冷静,不要急于与之争辩,切不可针锋相对,使矛盾激化难以收拾。如果乘客无理取闹,可以交相关部门或人员解决。

当乘客不礼貌时,更要做到有礼、有理、有节地解决问题。

有礼,即临辱不怒。面对乘客的不礼貌时,客运服务人员不应生气发火,而应沉着冷静,以妙语应粗语,以豁达应愚昧,以文雅对无礼,使个别乘客对自己的行为过意不去,只有这样,才不至于使自己陷入被动的境地,才能够维护企业的窗口形象。

有理,即动之以情,晓之以理。虽然这些乘客态度生硬,但是一旦发现自己理亏,得不到大多数人的支持,还是会有所收敛。

有节,乘客毕竟是乘客,是服务对象,不能因为乘客有过错而心存芥蒂。要记住和乘客的争论最终受到损失的是企业而不是乘客,同时,对乘客的宽容也会得到回报。

【案例分析1-1】(图1-4)

以自己的言行感化乘客

在2005年7月的一次突发事故中,哈尔滨客运段有18次列车受阻,晚点10个小时以上的列车就有7次。天津车队担当客运服务的大连临客,在开原站受阻4个多小时,4号车厢的乘客情绪激动。车长受到围攻和谩骂,他在这节车厢向乘客鞠躬30多次,最终感动了乘客。为了保证餐饮的正常供应,每位服务人员在早晨只喝了一碗粥,并继续为乘客提供细致的服务,这种精神感化了大家,乘客主动帮助服务人员清理车厢卫生,还组织了义务宣传队,到各车厢宣传要文明乘车,最终列车安全到达目的地。从上述事件中可以看到,

图1-4 情景图

在面对乘客的不满情绪和过激言行时,服务人员除了代表铁路部门进行道歉外,还需用良好的服务去稳定乘客情绪、化解矛盾。

3 处变不惊

列车就是一个社会,各式各样的人都有,各种情况和突发事件都有可能随时发生,因此,要求客运服务人员一定要有处变不惊的能力。在面对一些喜怒无常、无理纠缠的乘客时,在遇到列车晚点、发生突发事件时,都需要客运服务人员"临变不乱"来应变各种突发状况。这就要求服务人员熟知各类应急处置预案,培养良好的心理素质。

 复习与思考

1. 城市轨道交通客运服务的基本特性有哪些?
2. 列举轨道交通客运服务的基本内容。
3. 列举轨道交通服务客运服务人员的素质要求。

单元 2

城市轨道交通客运服务人员的基本礼仪

 教学目标

1. 了解城市轨道交通客运服务人员的基本仪容礼仪,掌握化妆的基本步骤和技巧;
2. 掌握城市轨道交通客运服务人员的着装规范;
3. 掌握站姿、坐姿、行姿以及手势的具体要求,并能在工作中熟练应用;
4. 掌握城市轨道交通客运服务人员的规范服务用语。

 建议学时

20 学时

2.1 仪容礼仪

一 仪容修饰的基本要求

仪容，即容貌，包括面容、发式、手部等。仪容修饰的基本要求是整洁、自然、端庄。城市轨道交通客运服务人员仪容修饰的具体要求见表2-1。

城市轨道交通客运服务人员仪容修饰要求　　　　　　表2-1

部	位	修 饰 要 求
面容	眼睛	眼角无分泌物，无睡意，不充血，不斜视，清爽明亮。不带墨镜或有色眼镜。女性不用人造假睫毛，不化烟熏妆和浓眼影
面容	耳朵	耳朵内外干净，无耳屎
面容	鼻子	鼻孔干净，不流鼻涕，鼻毛不外露。不要当众擤鼻涕、挖鼻孔
面容	胡子	不得留胡须，每天刮胡子
面容	嘴	牙齿整齐洁白，口中无异味，嘴角无泡沫；与乘客交流时不嚼口香糖；上班时不吃刺激性食物，如葱、蒜、韭菜等；女性不用深色或浓重口红
面容	牙齿	清洁、无食品残留物
发部	头发	干净、整洁，没有明显头屑
手部	手和手指甲	经常保持手部清洁，洗手后，要用护手霜以保持手部润滑；指甲的长度要适度，以防断裂，从手心看，以不长过1mm为宜；不能使用假指甲或做工艺指甲；男士如果吸烟，要涂掉手上的尼古丁痕迹

二 发部修饰

作为城市轨道交通客运服务人员，发部要考虑对象、环境，还要考虑自身特点。面对乘客时,发部要以庄重、严肃、利落大方为原则,而且还要严守本行业、本公司的特殊要求。

1 发部的整洁

服务人员的头发必须保持健康、秀美、干净、清爽、卫生、整齐,注意头发的养护、清洗、梳理。头发清洁给人留下干净卫生、神清气爽的印象。披头散发、蓬头垢面则给人萎靡不振甚至缺乏教养的感觉。因此,服务人员无论在工作中还是交际活动中,平时都要对头发勤于梳理、清洗,保持卫生清洁。

通常情况下,男士每半月应理一次发,女士可根据自己的具体情况而定。夏季应当1~2天洗一次头发。

2 发型选择

选择发型除了考虑个人偏好外,最重要的是要考虑个人条件和工作场合,体现和谐的整体美。面对乘客这一群体,服务人员的发型选择要以庄重、严肃、大方为原则。

(1)男性客运服务人员的发型选择

男性客运服务人员发型应长短适中不宜过长,前发不要过双眉,侧发不掩耳,后发不及衣领,不留大鬓角,不要剃光头,不要过分追求时尚,更不要标新立异。刘海和鬓角不可过长,发尾不可超过衬衫领口,需要时适当涂抹摩丝。

(2)女性客运服务人员的发型选择

女性客运服务人员发型如为长发,应束起盘于脑后,保持两鬓光洁,无耳发。刘海可卷可直,但必须保持在眉毛上方。任何发型均应使用发胶或摩丝定型,不得有蓬乱的感觉。

(3)发型整理

发型应适合自己的脸型、风度。工作时按照规定梳理发型,不得梳各种怪异发型,严禁漂染色彩鲜艳的头发。

(4)佩戴帽子与发饰要求(图2-1)

图2-1 佩戴帽子的效果图

男性客运服务人员帽沿边与眉毛保持水平,不露头帘。女性服务人员帽檐在额头的1/2处,不露出刘海,两侧不留耳发,发花与后侧帽子边沿相贴合。发饰只宜选择黑色且无花色图案的发卡。

三 化妆

化妆是一门艺术,适度而得体的化妆可以体现女性的端庄和美丽。对于一线服务人员来说,和谐得体的妆容效果也是留给乘客美好印象的第一步。

1 化妆的原则

脸部化妆一方面要突出面部五官最美的部分,另一方面要掩盖或矫正缺陷或不足的部分。妆分为浓妆和淡妆两种。浓妆是一种艳丽的美,给人庄重高贵的感觉,可用在晚宴、演出等特殊的社交场合。淡妆是一种趋于自然的美,给人大方、悦目、清新的感觉,最适合在家或平时上班时使用。无论是淡妆还是浓妆,都需要恰当使用化妆品,并结合一定的艺术处理,才能达到美化形象的目的。化妆的基本原则如下。

(1) 自然淡雅的原则

城市轨道交通服务人员上岗之前要求化淡妆,即不要有明显化过妆的痕迹。因为底妆厚重、色彩过白、烟熏妆、眼线过重等都会让乘客感到不自然。总的来说,服务人员的妆容应自然大方、朴实淡雅。

(2) 扬长避短的原则

职业妆适当展现自己的优点是比较好的选择。避短就是将自己面部不太满意的部位通过化妆技巧进行弥补,达到美观、自然、和谐的效果。

(3) 整体协调的原则

化妆需要参考自己的职业、年龄、性格及五官特点等因素。职业妆应使整个妆面协调,并且应与全身的装扮相协调,与所处场合、自己身份等相协调。

2 化妆的禁忌

服务人员在化妆时需要避免某些不应出现的错误做法,具体包括以下几个方面。

(1) 离奇出众的创意妆

服务人员化工作妆时不能脱离自己的工作角色,不能追求怪异、神秘的妆容,使人感觉过于突出、另类。

(2) 残妆示人

在工作中出汗之后、休息或用餐后妆容容易出现脱妆,以残妆示人给人懒散、邋遢之感,所以服务人员要注意及时补妆。

(3) 当众化妆

化妆属于个人隐私,原则是在家中完成化妆过程。需要临时补妆也应在洗手间或隐蔽处。

3 化妆的基础程序

(1) 妆前准备

妆前准备的程序是:束发→洁肤→护肤→修眉。

① 束发。

② 清洁面部。化妆前可用温水及洗面奶洗去脸上的油脂、汗水、灰尘等,以使妆面干

净光亮。

③护肤。冬季选择霜、膏类护肤品,夏季可选择乳液、水质护肤品,令肌肤柔滑,对皮肤起到保护作用。

④修眉。可用眉刀或眉钳根据自己具体的眉形进行修正,使之更加清秀。

 知识链接

修眉的步骤及注意事项(相关资源见二维码1)

二维码1

1)修眉的步骤

①正向面对镜子,将笔刷平放在两眉上方,检查两边眉峰的高度,如果两边高度差超过0.3cm,才需要修眉峰;尤其是初学修眉,不建议修整眉峰,会很容易破坏掉完整眉形。

②将眉眼间的大范围杂毛用安全剃刀剃除。

③用镊子拔除靠近眉毛处的细小杂毛,拔的时候要夹紧根部,顺向拔起。注意只要慢慢拔除边缘的杂毛即可,拔太多会让眉毛产生空隙。

④利用眉梳或眉刷,由眉头向眉峰的位置,将眉毛梳顺。

⑤眉峰到眉尾的眉毛要往下梳。

⑥利用弯形剪刀,把梳整过后的眉毛边缘修剪出整齐的弧线。

⑦如果眉毛太长,可用钢梳将眉毛挑起后剪短。

⑧将眉毛与发际之间的汗毛剃除干净。

⑨如果眼尾的C字部位有明显的汗毛,也要剃除,才会让妆容显得干净。

⑩两眉之间的杂毛也要修干净。

2)修眉注意事项

①避免用眉夹夹眉毛,因为它会使眼皮松弛,并且会引起毛囊发炎。

②多修眉毛下面,少动眉毛上面,只需把眉毛上面修整齐即可,这样会有眉开眼笑的视觉效果。

③不可让眉毛过于长,因为过长的眉毛会缺少女性柔美的感觉。

④两个眉毛之间的眉距一定要保持一只眼睛的大小,这样可以平衡五官。

⑤修眉过后,记得作调肤、润肤保养。

(2)化淡妆步骤

化淡妆步骤见表2-2。相关资源见二维码2。

4 化妆注意事项

二维码2

(1)使用与自己肤色、制服颜色相协调的颜色。

(2)脸色不好时一定要用粉底与腮红掩盖。使用液体粉底可以使皮肤看起来细腻。在使用粉底时注意不要让脸部与头部有明显的分界线。用海绵上妆可以使化妆匀称。

化淡妆步骤 　　　　　　表2-2

基本步骤	注意事项
(1) 打粉底	①粉底选择要适合自己的肤色； ②用海绵或手指取适量粉底涂抹均匀，注意面部与脖子的衔接； ③底妆要达到调整肤色、遮盖瑕疵、皮肤光亮的效果
(2) 画眼线	①画眼线时要贴着睫毛根部描画，淡妆眼线稍细些； ②上眼线从内眼角向外眼角画，下眼线从外眼角向内眼角画
(3) 刷睫毛	①服务人员睫毛膏以黑色、深棕色为宜； ②刷睫毛时先将睫毛用睫毛夹夹翘，然后均匀涂抹睫毛膏
(4) 描眉毛	①先用眉笔顺着眉毛的生长方向进行描画； ②再用眉刷定型，最好用深棕色、浅棕色眉笔，切不可将眉毛化成一条重重的黑色
(5) 上腮红	①腮红应涂在微笑时面部的最高点，均匀晕染； ②皮肤白的人一般选用粉色，肤色较深的一般选用桃红或珊瑚色； ③如自己皮肤比较红润，腮红可以省略
(6) 涂唇彩	①通常使用白色或液体唇膏来保持唇部湿润，并使唇膏颜色保持持久； ②唇膏的颜色一般要与胭脂颜色保持协调，注意它们的颜色应属同一色系； ③为避免口红长时间产生化开的现象，可以在涂唇膏前先画唇线，但要注意应与唇膏颜色一致

（3）注意要在饭后补妆，保持妆容整洁。注意脸部的油脂，特别是"T"区内，要定时用吸油纸或纸巾揩干。补妆应在洗手间完成。

（4）要讲究化妆品的卫生，化妆用具要经常清洗，不能借用他人化妆品。

 小贴士

上过妆的脸，在晚上一定要卸妆后再入睡。用专用的卸妆液将妆卸掉后，仔细用洗面奶将残留的化妆品清洗干净。卸妆时不可太过用力，尤其是眼部。卸妆起到保护皮肤的重要作用，因此不能省略。

5 不同脸型的化妆技巧

（1）椭圆脸

椭圆脸是公认的理想脸型，化妆时勿须太多掩饰，应注意保持其自然形状。腮红应涂在颊部颧骨的最高处，再向上向外揉化开去。唇彩（除嘴唇唇形有缺陷外）应尽量按自然唇形涂抹。描眉毛时，可顺着眼睛的轮廓修成弧形，眉头应与内眼角对齐，眉尾可稍长于外眼角。

（2）长脸

脸型偏长的人，在化妆时需要增加面部的宽度效果。涂抹腮红时应注意离鼻子稍远些，在视觉上拉宽面部，可沿颧骨的最高处与太阳穴下方所构成的曲线部位，向外、向上抹开去。上粉底时，若双颊下陷或者额部窄小，应在双颊和额部涂以浅色调的粉底，造成光影，使之变丰满。眉毛的位置不宜太高，眉毛尾部切忌高翘，修正时应令其成弧形，切不可有棱有角。

（3）圆脸

圆脸给人可爱、玲珑之感，若要修正为椭圆形并不困难。腮红可从颧骨起涂至下颌部，注意不要简单地在颧骨突出部位涂成圆形。唇彩可在上嘴唇涂成浅浅的弓形，不能涂成圆形的小嘴状，以免有圆上加圆之感。利用粉底在两颊造阴影，使圆脸消瘦一点。选用暗色调粉底，沿额头靠近发际处起向下窄窄地涂抹，至颧骨部向下可加宽涂抹的面积，造成脸部亮度，自颧骨以下逐步集中于鼻子、嘴唇、下巴附近部位。眉毛可修成自然的弧形，作少许弯曲，不可太平直或有棱角，也不可过于弯曲。

（4）方脸

方脸形的人以双颊骨突出为特点，因而在化妆时，要设法加以掩饰，增加柔和感。腮红宜涂抹得与眼部平行，在颧骨稍下处往外揉开，切忌涂在颧骨最突出处。利用暗色调粉底在颧骨最宽处造成阴影，令其方正感减弱，下颌部宜用大面积的暗色调粉底造阴影，以改变面部轮廓。唇彩可涂丰满一些，强调柔和感。眉毛应修得稍宽一些，眉形可稍带弯曲，不宜有角。

(5) 三角脸

三角脸的特点是额部较窄而两腮较阔,整个脸部呈上小下宽状。化妆时应将下部宽角"削"去,把脸型变为椭圆状。腮红可由外眼角处向下抹涂,令脸部上半部分拉宽一些。可利用较深色调的粉底在两腮部位涂抹、掩饰。眉毛宜保持自然状态,不可太平直或太弯曲。

(6) 倒三角脸

倒三角脸型的特点是额部较宽大而两腮较窄小,呈上阔下窄状。人们常说的"心形脸",即指这种脸型。化妆时,需要修饰部分恰恰与三角脸相反。腮红应涂在颧骨最突出处,而后向上、向外揉开。可利用较深色调的粉底涂在过宽的额头两侧,而用较浅的粉底涂抹在两腮及下巴处,造成掩饰上部、突出下部的效果。宜用稍亮些的唇彩以加强柔和感,唇形宜稍宽厚些。描眉毛时应顺着眼部轮廓修成自然的眉形,从眉心到眉尾由深渐浅,眉尾不可上翘。

【实训2-1】

仪容礼仪指导与实训

(1) 实训内容

女性客运服务人员的淡妆实训。

(2) 实训目标

掌握城市轨道交通客运服务人员职业淡妆的基本操作步骤。

(3) 实训准备

粉底、眼影、眼线笔、眉笔、腮红、睫毛膏、睫毛夹、口红等。

(4) 考核评分表

考核评分表见表2-3。

淡妆考核评分表　　　　表2-3

考核项目	考核要求	分值	得分
基础底妆	1. 打底工具选用正确	10分	
	2. 上底妆时涂抹均匀	10分	
眼部化妆	1. 眼线涂抹均匀,无残缺	10分	
	2. 正确使用睫毛夹和睫毛膏,睫毛涂抹不打结	10分	
	3. 眉毛:选用色彩合适的眉笔,眉形搭配合理	10分	
涂腮红	腮红色彩选择恰当,晕染均匀	10分	
画口红	色彩与腮红色系一致,轮廓饱满明亮	10分	
整体效果	1. 发型标准、规范	10分	
	2. 妆面整体效果干净美观	10分	
	3. 化妆时间不多于10分钟	10分	
合计			

2.2 服饰礼仪

服饰是一种无声礼仪,服饰的大方和整洁有一种无形的魅力。它能反映一个人的社会生活、文化水平和各个方面的修养。正如莎士比亚所说:"服饰往往可以表现人格。"一个人穿戴什么样的服饰,直接关系到别人对他个人形象的评价。服饰只有与穿戴者的气质、个性、身份、年龄、职业以及穿戴的环境、时间协调一致时,才能达到美的境界。

一 着装的基本原则

1 TPO 原则(时间、地点、场合原则)

(1)时间原则(Time)

职业人士在着装时,必须要考虑时间层面,时间涵盖了每天的早晨、中午、晚上等阶段,也包括春、夏、秋、冬四个季节,服装的穿着要做到随时间而更替。

(2)地点原则(Place)

特定的地点、环境需要配以相适应、相协调的服饰,以获得整体的和谐感,实现人与地点相融洽的最佳效果。

(3)场合原则(Occasion)

在选择服装时,必须与特定的场合气氛相吻合。

2 应己的原则

所谓应己,就是指着装要符合自身的条件和特点,主要包括:

(1)服饰样式应与自己的年龄和性别相适合;

(2)服饰颜色与肤色要协调;

(3)着装时应考虑到自身的形体。

二 正装的穿着

1 男士正装穿着

在重要会议和会谈、庄重仪式以及正式宴请等场合，男士一般以西服为正装。一套完整的西服包括衬衫、领带、西裤、上衣、腰带、袜子和皮鞋。相关资源见二维码3。

（1）西服穿着规范（图2-2）

①整体要求。西服合体，熨烫平整、整洁挺括。男士穿着不求华丽、鲜艳，衣着不宜有过多的色彩变化，大致不要超过三色。

②衬衫选择。正装衬衫应为纯色，以浅色为主，白色最常用。衬衫领口挺括、洁净，衬衫衣领高于西服衣领1.5cm左右；垂臂时，西服袖口长于衬衫袖口，抬臂时，衬衫袖口长于西服袖口1.5cm左右，以显示西服层次。

③领带的标准。领带是西服的灵魂，在正式场合，男士要打领带，领带有单结、双结、温莎结等系法。领带长度以在皮带扣处为宜。

④纽扣系法。西装分单排扣和双排扣西服，单排3粒扣西服系上方两粒或中间一粒；两粒扣西服系上方一粒；双排扣西服扣子全部扣上。

⑤西裤。西裤长度以触到脚背为宜，裤线熨烫好，裤扣扣好，拉链拉好。

⑥西服口袋。上衣和西裤后侧口袋尽量不放物品，名片、笔等轻薄物品可放在西服左侧内侧口袋。

⑦鞋袜。穿西服配黑色袜子、黑色皮鞋，鞋面清洁光亮，袜筒不易过矮。

图2-2 男士西服穿着规范

（2）西服穿着禁忌（图2-3）

一忌西裤过短；二忌衬衫放在西裤外面；三忌不扣衬衫扣；四忌抬臂时西服袖子长于衬衫袖；五忌西服的衣、裤袋内鼓鼓囊囊；六忌领带太短（一般长度为领带尖盖住皮带扣）；七忌西服上装所有扣都扣上（双排扣西服则应都扣上）；八忌西服配便鞋（休闲鞋、球鞋、旅游鞋、凉鞋等）。

（3）常用领带打法

① 平结（Plain Knot）。

平结是男士们选用最多的领带打法之一，几乎适用于各种材质的领带。完成后，领带呈斜三角形,适合窄领衬衫。见图2-4。

要诀:图2-4中宽边在左手边,也可换右手边打;在形成凹凸情况下,尽量让两边均匀且对称。

图2-3 男士西服穿着禁忌

图2-4 平结图解

②温莎结(Windsor Knot)。

温莎结是因温莎公爵而得名的领带结,是最正统的领带打法。打出的结成正三角形,饱满有力,适合搭配宽领衬衫。该种打法应避免使用材质过厚的领带。见图2-5。

要诀:宽边先预留较长的空间,绕带时的松、紧会影响领带结的大小。

图2-5 温莎结图解

③半温莎结(The Half-Windsor Knot),十字结。

半温莎结最适合搭配尖领及标准式领口系列衬衣,它比温莎结小,系好后的领结通常位置很正。见图2-6。

要诀:使用细款领带较容易上手,适合不经常打领带的人。

④交叉结(Cross Kont)。

交叉结特点在于打出的结有一道分割线,适用于颜色素雅且质地较薄的领带。见图2-7。

要诀:注意按步骤打完领带是背面朝前。

⑤四手结(The Four-Inohand)。

单元2 城市轨道交通客运服务人员的基本礼仪

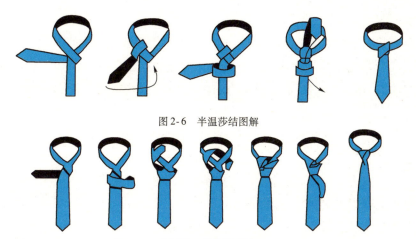

图2-6 半温莎结图解

图2-7 交叉结图解

四手结是所有领结中最容易上手的,适合宽度较窄的领带,搭配窄领衬衫,风格休闲,适用于普通场合。它通过四个步骤就能完成打结,故名为"四手结"。见图2-8。

要诀:图2-8中宽边在左手边。

图2-8 四手结图解

2 女士正装穿着

女士的职业装比男士有些变化,合适、得体的职业装能增添女士的自信。见图2-9。相关资源见二维码4。

二维码4

图2-9 女士职业套装和套裙

(1) 女士职业装选择

①职业套装应选择质地上乘的面料,上衣与裙子应使用一种面料。

②职业装套裙色彩的选择应淡雅、庄重,不宜选择过于鲜亮、扎眼的色彩。套裙要与工作环境相协调,选择以浊色调、冷色调为主,上、下身色彩可一致,也可是两种不同颜色。

③西装套裙款式。西装套裙样式很多,如西服裙、一步裙、筒裙、A字裙等。

④职业装款式有职业套裙、职业套裤、分身半职业装、束腰职业装等。

(2) 女士职业装穿着规范

①上衣。上衣讲究平整挺括,较少使用饰物和花边进行点缀。

②裙子。以窄裙为主,年轻女性的裙子下摆可在膝盖以上 3~6cm,但不可太短;中老年女性的裙子应在膝盖以下 3cm 左右。裙子里面应穿着衬裙。真皮或仿皮的西装套裙不宜在正式场合穿着。

③衬衫。以单色为最佳之选。衬衫的下摆应掖入裙腰之内而不是悬垂于外,也不要在腰间打结;衬衫的纽扣除最上面一粒可以不系上,其他纽扣均应系好。

④鞋袜。鞋子应是高跟鞋或中跟鞋,款式应以简单为主。袜子应是高筒袜或连裤袜,一般不要选择鲜艳、带有网格或有明显花纹的丝袜。丝袜颜色应与西装套裙相搭配。穿西服套裙应穿肉色丝袜配正装船鞋;穿裤装应配矮腰丝袜、船鞋。

⑤女士配饰。正式场合配饰要考究,不佩戴粗制滥造的饰物,要求质地、做工考究,避免佩戴发光、发声、艳丽夸张的饰物。手提包、首饰、袜子、丝巾、胸花等配饰要具有整体美感。

(3) 女士职业装穿着禁忌

①不要穿过于性感和暴露的服饰。

②薄纱型衣、裙、裤,因其透光性较强,穿着时需有内衬,不然会显得十分不雅。对于外国朋友来说,"透"比"露"更难以让人接受,因为在他们看来"透"不仅有碍观瞻,而且还说明穿戴者有不自爱之嫌。

③袜子是女性腿部的时装,要注意不应穿着跳丝、有洞或补过的丝袜外出。另外,袜子的大小松紧要合适,不要走不了几步就往下掉,或显得一高一低,当众整理袜子则有失体统。

三 制服的穿着

制服标志着自己的职业特色。它的设计充分考虑了穿着者从事的职业和身份,与环境相配,有一种美的内涵。任何公司都有自己的制服,制服可以衬托一个人,通过一件制服可以看到一个人的职业形象,展现公司的精神面貌。穿上醒目的制服不但易于他人辨认,而且也使穿着者有一种自豪感和责任感。

制服展现了公司的形象。乘客看着穿制服的工作人员也就是在看着公司,因此,在穿着制服的时候,要注意自己的仪容仪表,注意整洁,使自己的形象、举止符合制服应表现出的形象。制服的美观既突出了员工的精神面貌,也反映了企业的管理水平和卫生状况。

1 制服的穿着要求和规范

(1) 外观整洁。制服平整挺括、完好无损、干净卫生、无异味,避免褶皱。
(2) 文明着装。制服避免穿着过分裸露、包头和过分瘦小的服装。
(3) 穿着搭配得当。配饰搭配以少而精为主,色彩、款式不超过三样;丝巾领带佩戴要规范;鞋袜按正装标准穿着。

2 制服穿着注意事项

(1) 在穿制服时不宜佩戴镶宝石的装饰品,如手镯、悬垂挂件、装饰戒指、胸针、脚链等。
(2) 工作时不得佩戴两枚以上超过 5mm 的戒指。
(3) 耳针的大小不许超过黄豆粒或 3mm,不许有悬垂物。
(4) 工作时不能佩戴装饰项链、珍珠项链等较夸张的饰物,最好佩戴一条素链。
(5) 头上不得佩戴发圈和有颜色的发夹。

四 服饰礼仪指导与实训

【实训 2-2】

打领带实训

(1) 实训目标
掌握打领带方法。
(2) 实训方法
学生根据自身衬衫衣领的特点选择合适的领带打法,要求在 10 分钟之内完成,老师点评。
(3) 考核评分表
考核评分表见表 2-4。

打领带考核评分表　　　　　　　　　　表 2-4

考核项目	考核要求	分　值	得　分
选择领带打法	1. 适合自己的衬衫衣领	20 分	
	2. 适合场合	10 分	
打领带过程	1. 自己独立完成,不需要参照书本图解	20 分	
	2. 领带打法正确,并在 10 分钟之内完成	20 分	
	3. 打好后的领带美观,领带松紧合适	30 分	
	合计		

【实训2-3】

正装穿着实训

(1) 实训目标

掌握正装的穿着规范。

(2) 实训方法

学生每5人一组,根据不同场合进行服装搭配并展示;分组考核;学生点评总结。

(3) 考核评分表

考核评分表见表2-5、表2-6。

男士西服穿着考核评分表　　　　　　　　　　　　表2-5

考核项目	考核要求	分　值	得　分
西服基础规范	1. 外观整洁、无异味	10分	
	2. 熨烫整齐、无破损	10分	
西服的穿着规范	1. 衬衫、领带、西服和皮鞋的颜色搭配	10分	
	2. 衬衫整洁、挺括、扎法正确	10分	
	3. 衣领、袖口着装规范	10分	
	4. 领带的佩戴标准	20分	
	5. 扣子系法正确	10分	
	6. 西裤的长度适中	10分	
	7. 鞋袜颜色搭配	10分	
	合计		

女士正装穿着考核评分表　　　　　　　　　　　　表2-6

考核项目	考核要求	分　值	得　分
正装的基础规范	1. 外观整洁、无异味	10分	
	2. 熨烫整齐、无破损	10分	
制服的穿着规范	1. 配饰佩戴规范	20分	
	2. 衬衫整洁、挺括、扎法正确	20分	
	3. 衣领袖口着装规范	10分	
	4. 上衣、裤装搭配	20分	
	5. 鞋袜搭配	10分	
	合计		

2.3 仪态礼仪

一 表情礼仪

在与乘客交往中,工作人员的面部表情可以给人们最直接的感觉和情绪体验。当表情与语言、行为表示一致时,就会拉近工作人员与乘客间的距离。同时,好的表情也能给乘客带来好的心情和良好的沟通。

1 表情礼仪的基本原则

在与乘客进行交流时,表情的应用要遵循以下四个原则。

(1)谦恭

谦恭是工作人员主动向客人表示尊敬的一种方式,是服务对象首要的心理需求,也是评价服务水平的重要标准。

(2)友好

友好是服务人员主动向客人表示希望与之沟通和欢迎的表现形式,是顺利完成交流的重要基础。

(3)适时

适时是要求工作人员的表情神态要与所处的场合和工作情景协调恰当,要求工作人员要有较强的应变能力和对情景气氛的感受能力。

(4)真诚

所有的语言和行为,如果不是建立在真诚的基础上,都会背离服务目标走向虚伪,而虚伪必将导致服务失败。

2 表情礼仪的基本要素

(1)目光

眼睛是心灵之窗,眼神能准确地表达人们的喜、怒、哀、乐等一切感情,服务人员应学会正确地运用目光,为乘客创造轻松、愉快、亲切的环境与气氛,消除陌生感,缩短距离。

①正视乘客的眼部。接待乘客时,无论是问话答话、递接物品、收找钱款,都必须以热情柔和的目光正视乘客的眼部,向其行注目礼,使之感到亲切温暖。

②视线要与乘客保持相应的高度。在目光运用中,平视的视线更能引起人的好感,显得礼貌和诚恳,应避免俯视、斜视。俯视会使对方感到傲慢不恭,斜视易被误解为轻佻。如站着的服务人员和坐着的乘客说话,应稍微弯下身子,以求拉平视线;侧面有人问话,应先侧过脸去正视来客再答话。

③运用目光向乘客致意。当距离较远或人声嘈杂,言辞不易传达时,服务人员应用亲切的目光致意。

④接触时间要适当。据心理学家研究表明,人们视线相互接触的时间,通常占交谈时间的30%~60%。时长超过60%,表示彼此对对方的兴趣大于交谈的内容,特殊情况下,表示对尊者或长者的尊敬;时长低于30%,表示对对方本人或交谈的话题没什么兴趣,有时也是疲倦、乏力的表现。视线接触时,一般连续注视对方的时间最好在3s以内。在许多文化背景中,长时间的凝视、直视、侧面斜视或上下打量对方,都是失礼的行为。

⑤接触方向要合适。接触方向可以分为视线接触三区。上三角区(眼角至额头),处于仰视角度,常用于下级对上级的场合,表示敬畏、尊敬、期待和服从等。中三角区(眼角以下面部),处于平视、正视的角度,表示理性、坦诚、平等、自信等。下三角区(前胸),属于隐私区、亲密区,不能乱盯。

(2)微笑

笑是人类最美好的表情。因为人类的笑脸散发着自信、温暖、幸福、宽容、慷慨等情绪。轻轻一笑,可以招呼他人或者委婉拒绝他人;抿嘴而笑能给人以不加褒贬、不置可否之感;大笑则令人振奋、欣喜、激动。

作为客运服务人员,自然流露的微笑才是乘客需要的微笑,也是最美的微笑,这种微笑是发自内心的、轻松友善的微笑。服务人员在微笑中不仅可充分而全面地体现自信、热情,而且能表现出温馨和亲切,给乘客留下美好的心理感受。相关资源见二维码5。

①微笑的种类。

a. 温馨的微笑(图2-10)。只牵动嘴角肌,两侧嘴角向上高于唇心,但不露出牙齿。适用于和陌生乘客打招呼时。

b. 会心的微笑(图2-11)。嘴角肌、颧骨肌与其他笑肌同时运动,牙齿变化不大但要有眼神交流和致意的配合。适用于表示肯定、感谢时。

二维码5

c. 灿烂的微笑(图2-12)。嘴角肌、颧骨肌同时运动,露出牙齿,一般以露出6~8颗牙齿为宜,适用于交谈进行中。

②微笑禁忌。

a. 不要缺乏诚意,强装笑脸。

b. 不要露出笑容随即收起。

c. 不要仅为情绪左右而美。

d. 不要把微笑只留给上级、朋友等少数人。

图 2-10　温馨的微笑　　　　图 2-11　会心的微笑　　　　图 2-12　灿烂的微笑

3　表情礼仪的练习方法

（1）发"一"、"七"、"茄子"、"威士忌"等音，使嘴角露出微笑。

（2）手指放在嘴角并向脸的上方轻轻上提，使脸部充满笑意。

（3）以对着镜子自我训练为主，学生对着镜子来调整和纠正"三种"微笑。嘴角需要同时提起，不要露出很多牙龈。

（4）用门牙轻轻的咬住筷子，嘴角两边都要翘起，并且使嘴角两端与筷子平行，保持这个状态 10 秒钟，抽出筷子，练习维持当时的状态。如图 2-13 所示。

图 2-13　某航空公司空姐正在练习微笑

（5）情景熏陶法，通过美妙的音乐创造良好的环境氛围，引导学生会心地微笑。

（6）同学之间通过打招呼、讲笑话来练习微笑，并相互纠正。

（7）在综合训练时，在教师监督下，学会正确运用表情，注意微笑与眼神协调的整体效果。不当之处由教师现场指出、修正，见表 2-7。

微笑考核评分表　　　　　　　　　表2-7

考核项目	考核内容		分　值	自评分	小组评分
表情	三种表情的技巧	温馨的微笑	10		
		会心的微笑	10		
		灿烂的微笑	10		
	展示个人最好的微笑		10		
眼神	不同情境的眼神表现		30		
综合	微笑眼神与形体的协调表现		30		
合计					

二 站姿

站姿是指人在停止行动之后，直立身体、双脚着地的姿势。它是一种静态的身体造型，是平常采用的最基本的姿态，又是其他动态的身体造型的基础和起点。优美的站姿是展现人体动态美的起点，是培养仪态美的基础。相关资源见二维码6。

二维码6

1 站姿的基本要求

基本站姿，指人们在自然直立时所采用的正确姿势。标准是正和直，主要特点是头正、肩正、身正；颈直、背直、腰直、腿直。

2 站姿要领

站立时头部平视前方，收下颌，面带微笑，颈部挺直，双肩舒展，腹部自然收拢，腰部直立，臀部上提，双臂自然下垂，双腿并拢立直。

3 工作中不同的站姿方式

不同的工作岗位对站姿有不同的要求，但任何一种形式的站姿都是在基础站姿基础上变化的，工作人员在实际工作中可选择合适的站姿形式来为乘客服务。服务过程中常见的站姿有以下几种。

（1）垂放站姿

双臂自然下垂，双手中指分别放于裤缝或裙缝处，手指自然放松。适用于训练标准体态时练习或重要领导审查、检阅时。见图2-14a）。

（2）前搭手位站姿

双手四指并拢，右手在外，左手在内，将右手食指放于左手指跟处，并将拇指放于手心处。前搭手位站姿是工作时运用最多的站姿体态，一般与乘客交流都采用前搭手位站姿。见图2-14b）。

(3)后搭手位站姿

男士右手在外,左手在内,双脚打开,双脚的距离不超过自己肩的宽度。适用于前方无人,客运服务人员在巡视时可运用的站姿。见图2-14c)。

a)

b)

c)

图2-14　各种不同站姿

4　站姿禁忌

站姿禁忌指工作人员在工作岗位上不应具有的站立姿势。在与乘客的交流中,工作人员要尽量注意身体各部位的要求,避免出现以下不良的站姿:

(1)头部歪斜,左顾右盼。
(2)高低肩、含胸或过于挺胸。
(3)双手插兜或叉腰,双肩抱于胸前。
(4)腰背罗锅,弯曲,小腹前探。
(5)腿部抖动交叉过大,膝盖无法收拢。

5　站姿练习方法

(1)背靠背站立。两人一组,要求两人后脚跟、小腿、臀、双肩、脑后枕部相互紧贴。
(2)顶书训练。在头顶上平放一本书,保持书的平衡,以检测是否做到头正、颈直。见图2-15。

图2-15　服务人员正在训练站姿

(3)背靠墙练习。要求头、背、臀均紧挨着墙。

三 坐姿

坐姿是臀部置于椅子、凳子、沙发等物体之上,单脚或双脚放在地上的姿势。它是一种静态的仪态造型,是常用的姿势之一。不同的坐姿传达不同的意义和情感,文雅的坐姿可以展现人体静态美。相关资源见二维码7。

二维码7

1 坐姿的基本要求

坐姿不仅包括坐的静态姿势,同时还应包括入座和离座的动态姿势,"入座"作为坐的"序幕","起坐"作为坐的"尾声"。

(1)入座时要轻稳。走到座位前转身后,右脚向后退半步,然后轻稳坐下,再把右脚与左脚并齐。如是女士,入座时应先背对着自己的坐椅站立,右脚后撤,使右脚确认椅子的位置,再整理裙边;挺胸,双膝自然并拢,双腿自然弯曲,双肩自然平正放松,两臂自然弯曲;双手自然放在双腿上或椅子、沙发扶手上,掌心向下。

(2)臀部坐在椅子1/2或者2/3处,两手分别放在膝上(女士双手可叠放在左膝或右膝),双目平视,下颌微收,面带微笑。

(3)离座时要自然稳当,右脚向后收半步,然后起立,起立后右脚与左脚并齐。

2 女士常见的坐姿

(1)正坐式。双腿并拢,上身挺直、落座,两脚两膝并拢,两手搭放在双腿上,置于大腿部的1/2。要求上身和大腿、大腿和小腿都应成直角,小腿垂直于地面,双膝、双脚包括两脚的脚跟都要完全并拢。入座时,若是女士着裙装,应用手先将裙摆稍稍拢一下,然后坐下。见图2-16。

(2)开关式。要求上身挺直,大腿靠紧后,一脚在前,一脚在后,前脚全脚着地,后脚脚掌着地,双脚前后要保持在一条直线上。

(3)点式。双膝先并拢,然后双脚向左或向右斜放,力求使斜放后的腿部与地面呈45°角。这种坐姿适用于穿裙子的女士在较低处就座使用。

(4)重叠式。将双腿完全地一上一下交叠在一起,交叠后的两腿之间没有任何缝隙,犹如一条直线。双腿斜放于左或右一侧,斜放后的腿部与地面呈45°角,叠放在上的脚尖垂向地面。这种坐姿适合于穿短裙子的女士采用。见图2-17。

3 男士常见的坐姿

(1)正坐式。上身挺直、坐正,双腿自然弯曲,小腿垂直于地面,两脚两膝分开为一脚长的宽度,双手以自然手型分放在两膝后侧或椅子的扶手上。

(2)重叠式。右小腿垂直于地面,左腿在上重叠,双脚小腿向里收,脚尖向下,双手放在扶手上或放在腿上。见图2-18。

图2-16　女士正坐式坐姿

图2-17　女士重叠式坐姿

4 坐姿禁忌

坐姿禁忌指工作人员在工作岗位或与乘客交谈时不应出现的坐姿。坐姿是人际关系交往过程中持续时间较长的一种姿态,如果出现以下坐姿禁忌,会给对方留下难以改变的印象。见图2-19。

图2-18　男士重叠式坐姿

图2-19　坐姿禁忌

(1)侧肩、耸肩、上身不正。

(2)含胸或过于挺胸。

(3)双臂交叉抱于胸前。双手抱于腿上或夹在腿间。

(4)趴伏桌面,背部拱起。

(5)跷二郎腿,叉开过大,腿部伸出过长。

(6)脚步抖动,蹬踏他物,脚尖指向他人。

5 坐姿训练

(1)加强腰部、肩部的力量和支撑力训练,进行舒展肩部的动作练习,同时利用器械进行腰部力量的训练。

(2)按照动作要领体会不同坐姿,经常性地纠正和调整不良习惯。

(3)每种坐姿训练持续10分钟,加强腰部支撑能力。

四 行姿

二维码8

行姿是体现城市轨道交通工作人员的基本形象。在工作过程中,行姿代表着企业的形象和精神。见图2-20。相关资源见二维码8。

图2-20 行姿

1 行姿的基本要求

(1)规范的行姿首先要以端正的站姿为基础。

(2)双肩应平稳,以肩关节为轴,双臂前后自然摆动。

(3)上身挺直,头正、挺胸、收腹、立腰,重心稍向前倾。

(4)注意步位。脚尖略开,起步时,身体微向前倾,两脚内侧落地。不要将重心停留在后脚,并注意在前脚着地和后脚离地时要伸直膝部。

(5)步幅适当。一般前脚的脚跟与后脚的脚尖相距为脚长左右距离,步伐稳健,步履自然,要有节奏感,保持一定的速度。但因性别不同、身高不同、服饰不同,步幅的大小也有一定的差异。一般情况下,每分钟行走110步。当然,这还取决于工作的场合和岗位。行姿整体上要给人以步态轻盈敏捷、有节奏的感觉。

2 不同工作情况下的行姿标准

在具体的工作中,工作人员的步态有着不同的要求和规范,轨道交通行业工作人员需要根据工作情况给予关注。

(1)与乘客迎面相遇时,工作人员应放慢脚步,面带微笑目视乘客表示致意,并实时伴随礼貌的问候用语。以规范的"右侧通行"原则,让乘客先行。

(2)陪同引领乘客时,如果乘客同行,应遵循"以右为尊"的原则,工作人员应走在乘客的左侧。引领乘客时应走在乘客的左前方二三步的位置。行进步速需与乘客步幅保持一致。

(3)进出升降式电梯、无人操控电梯时,乘客后进先出,有人操控电梯时乘客先进先出。
(4)搀扶帮助他人时,注意步速与对方保持一致。在行进过程中适当停顿,询问乘客身体状况。

3 行姿禁忌

工作人员在工作岗位上不应出现如下的行姿,要尽量控制和克服不良步态的出现。
(1)走路"内八字"或"外八字"。
(2)蹬踏和拖蹭地面,踮脚走路。
(3)步伐过快或过慢。

4 行姿的训练方法

(1)画直线或沿着地面砖的直线缝隙进行直线行走练习。
(2)顶书练习,要求练习者以立正姿势站好,出左脚时,脚跟着地,落于离直线5cm处,迅速过渡到脚尖,脚尖稍向外,右脚动作同左脚,注意立腰、挺胸、展肩。

五 蹲姿

蹲姿是由站姿转换为两腿弯曲,身体高度下降的姿势。常用于工作人员捡拾物品。相关资源见二维码9。

1 蹲姿的基本要求

站在所取物品的旁边,一脚前、一脚后,弯曲双膝,不要低头且双脚支撑身体,蹲下时要保持上身的挺拔,体态自然。

二维码9

2 蹲姿的不同形式

(1)高低式蹲姿。特征是两膝一高一低。女士两腿膝盖相贴靠,男士膝盖朝向前方。见图2-21。
(2)交叉式蹲姿。仅限于女士。蹲下时双膝交叉在一起,两腿交叉重叠,后退脚跟抬起,脚掌着地,上身略向前倾。见图2-22。

3 蹲姿禁忌

(1)行进中突然下蹲。
(2)背对他人、正对他人蹲下。
(3)女士着裙装时下蹲毫无遮饰。

(4)正常工作中蹲姿休息。

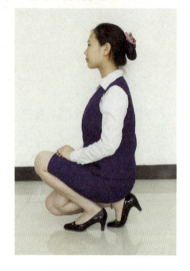
图2-21　高低式蹲姿

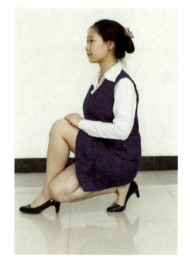
图2-22　交叉式蹲姿

4 蹲姿的训练方法

(1)加强脚踝、膝盖等关节的柔韧性,练习提腿、压腿、活动关节等动作。
(2)蹲姿控制练习,要有意识地控制平衡,保持蹲姿,形成好习惯。

【实训2-4】

仪态礼仪指导与训练

(1)实训要求:着正装,女士穿高跟鞋进行练习。站姿、坐姿等仪态训练每次不少于15～20分钟,并配以适当的音乐,缓解训练的疲劳,训练时保持良好心情。

(2)以组为单位进行不同仪态训练,并及时纠正或点评。采用同学之间互评、分组竞赛的方式来改善和充实单调的练习。

(3)仪态训练的考核(表2-8)。

仪态实训考核评分表　　　　　　　　　　　　　表2-8

考核项目	考核内容		分 值	自评分	小组评分	实得分
站姿	身体各部位的正确姿态	头、颈	3			
		两肩、胸	3			
		腰部	3			
		手位	3			
		两脚	3			
	不同站姿的展示	肃立	5			
		直立	5			
	顶书训练效果		10			

续上表

考核项目	考核内容	分值	自评分	小组评分	实得分
坐姿	坐姿基本动作要领的展示	10			
	脚的摆放方式	10			
	入座后姿态的整体保持效果	5			
	入座前后的其他要求	5			
	身体姿态	10			
行姿	跨步的均匀度	5			
	手位摆动的情况	5			
	根据音乐情境变换步伐	5			
蹲姿	上身姿态	5			
	起身动作与表情	5			
合　　计					

2.4 沟通礼仪

一 见面礼仪

1 问候礼仪

问候是见面时最先向对方传递的信息，如果能够迅速、积极地表达出自己的诚意和心意，就可以在最初接触时给乘客留下一个好印象。

（1）问候要积极主动。主动问候会给乘客一个温暖的感受，也会在接下来的交谈中占据主动。即使是乘客先打招呼了，服务人员也一定要立即回应问候乘客。

（2）问候的声音要清晰、洪亮且柔和。见面时，对方的心态不可预知，但一声响亮的问候，能将气氛调动起来。尤其在早晨、午后、傍晚等乘客神经尚未完全兴奋时，大声的问候会使乘客感到振奋，有利于服务气氛的开朗、活跃。

(3)问候时要形神兼备。问候时注视乘客的眼睛,明确坦诚地表达对乘客的欢迎,并伴随微笑、点头和致意。

2 称呼礼仪

在问候乘客时,往往需要运用称呼,如"您"、"先生"等。适当地运用称呼,会让人觉得你彬彬有礼,很有教养。它可以使互不相识的人乐于相交,熟人更加增进友谊。对于客运服务人员而言,更要学会正确地称呼乘客。称呼时自己的态度要热情、谦恭。称呼用语要恰当、亲切。

(1)敬称,如"您、您老"等,多用于尊长、同辈。但客运服务人员一定要用敬称,表示对乘客的客气与尊敬。

(2)亲属称谓,就是对非亲属的交际双方以亲属称谓,通常在非正式交际场合使用。服务人员如果在为特殊乘客提供服务时可以使用,如"大哥、大姐、大伯、大妈、大叔、爷爷、奶奶"等,不过要注意对方的年龄,不要把别人称呼老了。

(3)职业称谓,用于较正式的场合,带有尊重对方职业和劳动的意思,如"师傅、大夫、医生、老师"等,可以冠之以姓。

(4)职称称谓,对干部、技术人员等的称谓。国家工作人员等在各种交际场所都应该用职务称谓,如书记、经理、主任、主席、教授、工程师等,在前面加上姓名,对总经理前面一般加姓,称"×总"。

(5)姓名称谓,在正式场合称呼比较熟悉的同辈人为"老+姓"(老王、老张等);对干部、知识分子等老年男性称"姓+老"(李老等);长辈称小辈"小+姓"(小田等)。

(6)统称,男性称"先生"、女性称"女士、小姐"是当今社会上最为流行的称呼,在服务工作中也可以使用。

3 致意礼仪

致意是要把向他人表示问候的心意,用礼节、行为举止表现出来。礼貌的致意会给人一种友好愉快的感受。致意礼仪有以下几种:

(1)点头致意。适用在一些公共场合与熟人见面而又不便交谈时、在同一场合多次见面时、路遇熟人时等情况。点头时要面带微笑,目视对方,轻轻点一下头即可。

(2)微笑致意。适用于与相识者或只有一面之交者,彼此距离较近但不适宜交谈或无法交谈的场合。微笑致意可以不做其他动作,只是两唇轻轻致意,不必出声,即可表达友善之意。

(3)举手致意。与点头致意的场合大体相同,并且是对距离较远的熟人打招呼的一种方式。正确做法是右臂伸向前方,右手掌心朝向对方,四指并拢,拇指叉开,轻轻向左右摆动一两下即可。

(4)起立致意。在较正式的场合,有长者、尊者要到来或离去时,在场者应起立表示致意。待他们落座或离开后,自己才可以坐下。

(5)欠身致意。多用于对长辈或对自己尊敬的人致意。运用这种方式时,身体上部分微微一躬,同时点头,身子不要过于弯曲。

图2-23 30°鞠躬礼

4 鞠躬礼仪

鞠躬是问候的一部分,充分表达对来者的敬意。一般是下级对上级、服务人员对宾客、初次见面的朋友之间、欢送宾客及举行各种仪式时使用。

行鞠躬礼时需要面对乘客,并拢双脚,视线由对方脸上落至自己的脚前1.5m处(15°礼)或脚前1m处(30°礼)。男性双手放在身体两侧,女性双手合起放在身体前面。

鞠躬时必须伸直腰、脚跟靠拢、双脚尖处微微分开,弯腰速度适中。

常用的鞠躬礼仪包括15°鞠躬礼、30°鞠躬礼(图2-23)、45°鞠躬礼。

练一练

两人一组,互相练习鞠躬。先以标准站姿站立,开始鞠躬时,视线由对方脸上落到脚前。熟练后,可模拟以下场景。

场景1:两人相对站立,相距3m以上,开始相向而行,交错时一人停下,面向另一人鞠躬15°;

场景2:一人向另一人告别,鞠躬30°,并且配以相应语言;

场景3:一人向另一人感谢,鞠躬45°,并且配以相应语言。

小贴士

在日本,第一次见面时行"问候礼"是30°,分别离开时行"告别礼"是45°。韩国人的鞠躬礼一般是60°,且鞠躬时眼睛不能直视对方。在我国、新加坡、印度尼西亚和马来西亚,多用浅浅的鞠躬。

5 握手礼仪

握手是中国人常使用的见面礼和告别礼,它包含感谢、慰问、祝贺和相互鼓励的意思。如图2-24所示,行握手礼时,通常距离受礼者约一步,两足立正,上身微向前倾,伸出右手,

四指并齐,拇指张开与对方相握,微微抖动3~4次(时间以3秒钟为宜),然后松开手,恢复正常姿态。

握手礼仪常见的注意事项包括以下几点:

(1)男女之间,男方要等女方伸出手后才可握手,如女方不伸手,没有握手的意愿,男方可点头致意或鞠躬致意;如果男性是女性父辈的年龄,男性先伸手是适宜的。

(2)宾主之间,主人应先向客人伸手,以示热情、亲切。如接待来宾,不论男女,女主人都要主动伸手表示欢迎,男主人也可以先伸手对女宾表示欢迎。离别时,应由客人先伸手,表示再见,主人此时若先伸手就等于催客人离开,不礼貌。

图 2-24　握手示意图

(3)当年龄与性别冲突时,一般仍以女性先伸手为主,同性老年的先伸手,年轻的应立即回握。

(4)有身份差别时,身份高的先伸手,身份低的应立即回握。

(5)长幼之间,年幼的要等年长者先伸出手;上级和下级之间,下级要等上级先伸出手;平辈相见先伸手者有礼、主动。

(6)握手的力度。握手要紧,表示诚意和感激之情,但不要握痛对方的手,也不可抓住对方的手不放或使劲地摇动。

(7)速度与时间。伸手的快慢,说明自愿或勉强,握手的时间一般为3~5秒钟。对长者握手时要稍弯腰,对一般人握手时不必弯腰,但也不要腰板笔挺,昂首挺胸,给人造成无礼、傲慢的印象。

(8)面部表情。握手时面部要露出真挚的笑容,以友善的眼光看着对方,千万不能一面握手,一面斜视他处,东张西望或和他人说话。

(9)其他注意事项。如果正在工作时,对方主动伸出手,这时可以一面点头致意,一面摊开双手,表示歉意,取得对方谅解。如果正在工作的人,一时疏忽,伸出脏手与你相握,这时你要热情相握,而且切不可当着对方的面擦自己的手。

小贴士

握手五忌:一忌男士戴着帽子和手套;二忌长久握住异性手不放;三忌用左手同他人握手;四忌交叉握手;五忌握手时目光左顾右盼。

练一练

第一步,两人一组,练习基本握手要领。主要练习:握手时站立姿势、握手的两个人之间的站立距离、握手时的眼神、握手的时间和力度等。

第二步,在掌握正确握手姿态后,练习握手的时间。学生3~4人分为一组,自己设计场景,如上级与下级、宾客与主人、地位相等者等。

二 电话礼仪

电话是现代人最常用的通信工具之一,电话交往虽然"只闻其声,不见其人",但却能给对方留下完整、深刻的印象。在日常工作中,客运服务人员必须掌握正确、礼貌的接打电话方法。相关资源见二维码10。

1 准备工作

在打电话前,将要说的事情简单整理,并且准备好纸和笔,便于随时记录有用信息。打电话应选择恰当的时间、地点和场合。一般来说,早上8点之前或晚上10点之后均不适宜打工作电话,否则会妨碍对方休息。此外要考虑打电话的地点是否安静、打电话时对方是否方便等,嘈杂的环境和不分场合的电话注定不会有好的效果。

2 接听电话

尽量在电话铃响三声之内,带着微笑迅速接起电话说出"您好",让对方在电话中也能感受到热情。接电话后应主动报上姓名或单位,吐字清晰。如果是打出电话,应注意控制通话时间,言简意赅地把事情说清楚;如果是接听乘客电话且对方谈话内容很长时,必须给予回应,如使用"是的、好的"等来表示在认真听。

3 结束通话

要结束电话交谈时,要感谢对方的来电或接听,用积极的态度感谢对方。一般应当由打电话的一方提出结束,然后彼此客气地道别,说一声"再见",再挂电话,不可只管自己讲完就挂断电话。

知识链接

电话常用礼貌用语

(1)您好!这里是×××公司×××部(室),请问您找哪位?

(2)我就是,请问您是哪一位?……请讲。

(3)请问您有什么事?(有什么能帮您?)

(4) 您放心,我们会尽力办好这件事。

(5) 不用谢,这是我们应该做的。

(6) ×××同志不在,我可以替您转告吗?

(7) 对不起,这类业务请您向×××部(室)咨询,他们的号码是……。

(8) 您打错号码了,我是×××公司×××部(室),……没关系。

(9) 再见!

(10) 对不起,这个问题……,请留下您的联系电话,我们会尽快给您答复好吗?

三 交谈礼仪

交谈是建立良好人际关系的重要途径,也是日常接待的主体。交谈礼仪的关键,在于尊重对方和自我谦让,还要注意交谈的表情、态度、内容、表达方式等。相关资源见二维码11。

1 谈话的表情

与乘客交谈时,表情要大方、自然,态度诚恳,面带微笑,语气亲切。切忌边埋头工作边与乘客交谈。

二维码11

2 文明规范的服务语言

(1) 敬语

敬语使用是表示对听话人尊敬礼貌的语言手段。敬语一般运用在以下一些场合:如比较正规的社交场合;与师长或身份、地位较高的人的交谈;与人初次打交道或会见不太熟悉的人;会议、谈判等公务场合等。常用的敬语有:"请"、"您"、"劳驾"、"贵方"、"贵公司"、"谢谢"、"再见"。

 知识链接

敬语的使用

敬语,特别是常用敬语,主要在以下几个场景使用:

(1) 相见道好。人们彼此相见时,开口问候:"您好","早上好"。在这里一个词至少向对方传达了三个意思,表示尊重,显示亲切,给予友情。同时也显示了自己三个特点,有教养、有风度、有礼貌。

(2) 偏劳道谢。在对方给予帮助、支持、关照、尊重、夸奖之后,最简洁、及时而有效的回应就是由衷地说一声"谢谢"。

(3) 托事道请。有求于他人时,言语中冠以"请"字,会赢得对方理解、支持。

(4)失礼致歉。现代社会,人际接触日益频繁,无论你多么谨慎,也难免有你的亲友、邻里、同事或其他人失礼于你的时候。但倘若你在这类事情发生之后能及时真诚地说一声"对不起"、"打扰您了",就会使对方趋怒的情绪得到缓解。

生活中还有许多敬语可展现客运服务人员的素质和修养。如,拜托语言:"请多关照"、"承蒙关照"、"拜托"等;慰问语言:"辛苦了"、"您受累了"等;赞赏语言:"太好了";同情语言:"真难为你了"、"您太辛苦了"等;挂念语言:"你现在还好吗?生活愉快吗?"这些都可以归为敬语范围。

(2)委婉语与致歉语

委婉语是用来在服务工作中表达不宜直言的人或事物的言语,常常在一些正规的场合以及一些有长辈和女性在场的情况下,被用来替代那些比较随便甚至粗俗的话语。例如想要上厕所时,宜说:"对不起,我去一下洗手间。"让对方等候时,要说:"请稍等。"

致歉语是在服务过程中麻烦、打扰、妨碍了别人时,及时向对方表示道歉的语言。常用的致歉语有:"对不起"、"非常抱歉"、"请原谅"、"不好意思"等表示歉意的语言。注意在工作中要规范使用、及时道歉、得体大方、言行统一。

3 应答礼仪

应答礼是服务人员在工作中回答客人询问或回应对方召唤时所表现出的礼仪行为。使用应答礼时应该注意以下几种情形:

(1)应答客人询问时,要思想集中,全神贯注地聆听;不能目视别处,或心不在焉,或说话有气无力。

(2)应答客人提问或征询有关事项时,语言应简洁、准确,语气婉转、声音大小适中;不能随心所欲地谈天说地,或声音过大,或词不达意。

(3)如果客人讲话含糊不清或语速过快时,可以委婉地请客人复述,不能听之任之,凭主观臆想,随意回答。

(4)回答多位乘客询问时,应从容不迫,按先后次序、轻重缓急,一一作答,不能只顾一位乘客,而冷落了其他客人。

(5)对于乘客提出的无理要求,须沉得住气,或婉言拒绝,或委婉地回答:"可能不会吧!""很抱歉,我确实无法满足您的这种要求,我帮您找其他人为您解答。"

小贴士

常见的应答用语有:"好的"、"没问题"、"我知道了"、"我明白了"、"您说得对"、"对,是这样"等。

四 引导礼仪

1 引导方法

（1）走廊引导法。接待人员在客人两三步之前，走在客人的左侧。

（2）楼梯引导法。引导客人上楼时，应让客人走在前面；若是下楼，则是接待工作人员走在前面，客人在后面，上下楼梯时应注意客人的安全。

（3）电梯引导法。引导客人进入电梯时，接待工作人员先进入电梯，等客人进入后关闭电梯门，到达时按开按钮，打开电梯门，让客人先走出电梯。

2 引导手势

引导手势的运用要规范。在引路、指示方向时，五指并拢，小臂带动大臂，小臂与地面保持水平（图2-25）。根据指示距离的远近调整手臂的高度，身体随着手的方向自然转动，收回时手臂应略成弧线再收回。在做手势的同时，要配合眼神、表情和其他姿态，才能显得大方。注意切忌用单个食指指示方位。相关资源见二维码12。

图2-25　引导手势

二维码12

五 沟通礼仪实训与指导

1 练习方法

（1）设计情景（如在寝室中），运用文明用语进行分组表演。

（2）收集轨道交通行业不同岗位的礼貌用语，结合正确的仪态、微笑、眼神和手势来表达语言，增强语言的表现力。组织分角色表演（可以扮演售票窗口工作人员、值班站长、乘客等）。

2 实训考核

（1）分组展示轨道工作人员在工作中的服务礼仪。

（2）自行设计对白及场景，内容包括：介绍、握手、递名片、步态、坐姿、站姿、服饰打扮、语言、岗位接待礼仪等内容。

（3）出场后先由同学介绍剧情、人物。

3 沟通礼仪考核评分表

沟通礼仪考核评分表见表2-9。

沟通礼仪实训考核评分表　　　　　表2-9

内容	服饰	站姿	坐姿	行姿	手势	表情	语言	介绍	握手	接递物品	奉茶倒水	内容编排	总体印象	总分
小组	10	5	5	5	5	5	10	10	10	10	10	5	10	100
1														
2														
3														
4														
5														
6														
7														
8														

复习与思考

一、选择题

1. 作为客运服务人员,引导乘客上下楼梯的顺序是(　　)。
   A. 如果是上楼梯,服务人员在乘客前面　B. 如果是上楼梯,服务人员在乘客后面
   C. 如果是下楼梯,服务人员在乘客前面　D. 如果是下楼梯,服务人员在乘客后面
2. 作为客运服务人员,引导乘客进出电梯的顺序是(　　)。
   A. 如果是进电梯,服务人员先进电梯　　B. 如果是进电梯,服务人员后进电梯
   C. 如果是出电梯,服务人员先出电梯　　D. 如果是出电梯,服务人员后出电梯

二、简答题

1. 简述TPO的基本原则。
2. 简述客运服务过程中常见的几种站姿及其适用的场合。
3. 简述微笑的种类及适用场合。
4. 简述致意的种类及适用场合。

单元 3

城市轨道交通车站客运服务

 教学目标

1. 掌握一卡通（储值票）充值服务、售票服务、补票服务及处理坏票服务的流程和细节，能处理乘客常见票务问题；
2. 掌握安检服务的流程和细节，减少乘客纠纷的产生；
3. 掌握自助售票服务和监票服务的流程和细节，能引导乘客安全快速地进出站；
4. 掌握乘客候车服务和车站广播服务的流程和细节，保证乘客在站台的安全；
5. 掌握列车司机服务和车站维修人员服务的服务细节，增加乘客满意度；
6. 能利用车站客运服务的一般技巧更好地为乘客服务。

 建议学时

16 学时

城市轨道交通车站是面向社会的一个窗口,干净整洁、美观大方的车站站容和热情周到、礼仪规范的车站服务是城市轨道交通服务水平的重要体现。

车站客运服务人员每天面对着成千上万的乘客,一举一动、一言一行都体现着城市轨道交通的形象。除了车站环境干净整洁、列车安全正点运营外,客运服务人员的言行举止是构成城市轨道交通一流服务质量的关键要素。因此,车站客运服务人员应从仪容仪表、着装、行为举止、服务用语等方面严格要求自己,提高城市轨道交通的服务水平。

3.1 城市轨道交通客运服务的基本要求

一 城市轨道交通车站客运服务的具体内容及乘客需求

城市轨道交通车站客运服务的内容主要包括安检服务、购票充值服务、进站服务、候车服务、上下车服务和出站服务等,具体服务内容及乘客需求如下:

1 出入口进入站厅(安检)

(1)乘客需求。车站位置合理;出入口容易找到;引导标志明确;安检效率高。

(2)服务基本内容。乘客从出入口进入站厅(安检)是车站服务工作的开始,服务内容主要包括安检服务、问询服务和引导服务。安检是进入轨道交通车站的第一环节,此处也是车站最容易发生拥堵的地方之一,所以服务人员一方面需要做好引导工作,同时还要负责乘客财物的安全,并维持良好秩序。

2 购(换)票服务和充值服务

(1)乘客需求。车站非付费区应合理设置自动售票机和售票亭,并保证售票设备不被其他用途的设施遮挡;引导指示明确;标志醒目;购票充值等候时间不长。

(2)服务基本内容。乘客进入车站付费区前需要购票,其方式有人工售票和自助售票两种。持市政公交一卡通卡的乘客,有时也需要充值服务。服务人员应协助指导乘客规范使用自动售票机、自动充值机、自动查询机,严格按照票务管理的相关作业程序进行作业,做到热情、方便、准确、迅速。

3 刷卡进站

(1)乘客需求。闸机位置醒目且指示明确;能快速通过闸机。

(2)服务基本内容。乘客购票后,将所持车票放在刷卡区域,经检票无误后,闸机释放,让乘客通过闸机进入付费区。服务人员需要提供问询服务、处理坏票服务和提醒服务。

4 站台候车

(1)乘客需求。方便到达站台;舒适候车;明确自己所乘列车的进站时刻和方向。

(2)服务基本内容。引导乘客文明乘车,向乘客宣传在黄线以内候车,维持站台候车秩序,阻止乘客在站台追逐打闹、跳下站台等行为。

5 上、下车

(1)乘客需求。广播系统应有有效提示;良好的上、下车秩序;安全快速地上、下车。

(2)服务基本内容。主要包括维护站台的乘降秩序,提醒乘客先下后上,在车门或屏蔽门开、关过程中,制止乘客强行上、下列车行为,车门或屏蔽门关闭后,禁止扒门等行为。

6 刷卡出站

(1)乘客需求。出站闸机引导指示明确,快速出站,票务问题处理等候时间短。

(2)服务基本内容。乘客乘坐轨道交通到达目的车站后,需从闸机处刷卡出站。和进站服务一样,服务人员需要提供问询服务、处理坏票服务和提醒服务。

二 城市轨道交通车站服务人员的基本要求

1 仪容仪表要求

为了树立良好的服务形象,城市轨道交通客运服务人员需要严格要求自己的仪容仪表,具体要求见表3-1。

仪容仪表要求　　　　　　　　　　　　　　　　表3-1

分类	基本要求	常见错误
发型	1. 整齐利落、清洁清爽； 2. 发长过肩的女性必须将头发束起，最好佩戴有发网的头饰，将头发挽于发网内，头花端正； 3. 男性要剪短发，具体要求为"前发不附额，侧发不掩耳，后发不及领"； 4. 戴帽子时，应将刘海放入帽子内侧，帽徽应朝正前方，不得歪戴	1. 头发凌乱，染发过度明显、夸张； 2. 留怪异发型； 3. 女员工长发遮挡脸部； 4. 男员工留长发、鬓角遮挡耳部
面容	1. 女性上岗应着淡妆，保持清洁的仪容，避免使用味道浓烈的化妆品； 2. 男性应保持脸面洁净，不可留胡须； 3. 适时保持亲切的笑容	1. 化浓妆或怪异妆； 2. 工作时化妆； 3. 使用味道浓烈的化妆品； 4. 男员工留胡须
口腔	1. 保持牙齿、口腔清洁； 2. 定期除掉牙齿上的尼古丁痕迹； 3. 去除吸烟过多而引起的口腔异味	工作前食用葱、蒜、韭菜等带有刺激性气味的食物
指甲	1. 时刻保持指甲干净整齐，经常修剪； 2. 只可涂肉色和透明色指甲油	1. 指甲过长； 2. 使用指甲装饰品
佩饰	1. 可以佩戴的配饰有：风格简约的手表、婚戒（戒指不可过宽）、一对耳钉（女士）； 2. 佩戴纯色镜架和无色镜片眼镜； 3. 饰品应自然大方，不可过度明显夸张	1. 佩戴过分夸张和闪耀的饰物； 2. 男员工佩戴耳部饰物

知识链接

五分钟化妆法（淡妆）

对于很多人来说，早晨的时间是最宝贵的，五分钟化妆法可以让人们在最短时间内化好妆，充满自信地迎接新的一天。

第一分钟清洁润肤：用性质温和的洗面奶洗完脸后，在皮肤尚湿的时候涂上润肤露。

第二分钟施遮瑕膏：遮瑕膏主要遮盖黑眼圈和脸上的瑕疵，一般乳液式的遮瑕膏使用起来相对节省时间。用海绵蘸上遮瑕膏从内眼角推向外眼角，也可涂在最宜红的嘴角和鼻翼两侧,然后再全面涂上粉底。

第三分钟施粉底霜:涂抹干粉或散粉,涂抹散粉后整个妆容会明显变得突出,如果想节省时间可以不涂抹粉底,直接使用湿粉扑上干粉在面上,也有涂上粉底的效果。

第四分钟画眼线:选择眼线液和眼线笔,从睫毛根部水平式地向外擦出,下眼帘一笔快速擦出。若想使眼睛看起来更明亮,可以涂抹一点眼影在眼角上。

第五分钟涂口红:最好选择颜色较浅的唇彩。

2 着装要求

城市轨道交通客运服务人员的服饰应整洁大方,并与城市轨道交通的工作性质相协调,具体着装要求见表3-2。

着装要求 表3-2

分 类	基 本 要 求	常 见 错 误
制服	1. 干净无褶皱; 2. 领口、袖口要保持整洁干净,衬衫放在裤子里侧; 3. 裤袋限放工作证等扁平物品或体积微小的操作工具,避免服装变形; 4. 季节更替时,应按规定更换制服,不得擅自替换	1. 制服上有异味或污渍; 2. 在套装和衬衫的胸袋内放入钱包、硬币等物品; 3. 缺扣、立领、挽袖、挽裤
鞋袜	1. 穿着制服时应按规定穿黑色或深色的皮鞋,鞋面保持干净,黑色皮鞋配深色袜子; 2. 女员工着裙装时,长袜颜色应选择与肌肤相贴近的自然色或暗色系中的浅色丝袜; 3. 皮鞋应定期清洁,保持干净光亮	1. 穿极度磨损的鞋及露脚趾脚跟的鞋; 2. 穿图案过多的袜子和浅色袜子
工牌	1. 挂绳式工号牌照片和字面应朝向乘客,工号牌绳放在制服外侧; 2. 非挂绳式工号牌应佩戴在制服左上侧兜口的正上方位置,工号牌左下角应抵住西服兜口边缘,并与地面保持水平; 3. 佩戴党(团)徽时,应将党(团)徽佩戴于工号牌中上方	1. 胸牌上有装饰物; 2. 胸牌有损坏; 3. 胸牌上的名字模糊、褪色

知识链接

各个城市的地铁制服

(1)北京京港地铁最"空乘"(图3-1)。北京地铁4号线的制服倾向于空乘的着装。男女都是藏青色的制服,女士戴着藏青色的礼帽,男士扎着很显眼的黄、黑色相间领带。

(2)成都地铁制服里蕴含着市花(图3-2)。成都地铁不同岗位的制服在色彩选择上,均以蓝色为主旋律,以金沙太阳神鸟的金色作为点缀色。女装马甲的偏襟圆弧花瓣造型,蕴含着成都市花"芙蓉花"的含义。

(3)上海地铁浪漫不凡(图3-3)。上海地铁制服继承了上海轨道交通标志的红色调和红黑色组合。红色象征着生命、活力、热情。春秋装以绛红色外套与深灰调和;冬装辅以黑色调;夏装则以粉红色衬衫与中灰色调和,符合上海浪漫时尚的气息。

(4)南京地铁蓝色跟着线路走(图3-4)。南京地铁的工作制服女士为天蓝色,男士为藏青色,分为春秋装、夏装和冬装。因为南京地铁1号线的主体颜色就是天蓝色的,所以工作服也是蓝色的,整体都是配套的。

图3-1　京港地铁制服

图3-2　成都地铁制服

图3-3　上海地铁制服

图3-4　南京地铁制服

3 行为举止要求

客运服务人员的行为举止体现了员工个人的文化素养和工作状态,用符合自身角色的标准仪态，更能为乘客接受，具体要求见表3-3。

行为举止要求　　　　　　　　　　　　　　表3-3

分类	基本要求	常见错误
站姿	1. 上身挺胸收腹，头正目平，双肩平齐，双手自然下垂或体前轻握，下身应保持双腿直立，脚跟并拢； 2. 女士站立时，双脚成"V"字形或"丁"字形，双手相握叠放于腹前或双手下垂放于裤缝边； 3. 男士站立时，两脚分开与肩同宽，双手下垂放于裤缝边或叠放于腹前或放在背后	1. 叉腰，抱膀，抖腿或把手插在衣袋内； 2. 站立时依靠在墙或其他物体上
坐姿	1. 正面对准窗口，目光正视乘客，身体挺直，两腿自然弯曲； 2. 男士双腿可以稍微分开； 3. 女士双腿必须靠近并拢	1. 趴着，打瞌睡； 2. 用手托腮，侧身斜靠桌子； 3. 前俯后仰，把腿放在椅子上
行姿	1. 上身正直，挺胸收腹，两肩自然放松，双臂自然摆动； 2. 与乘客相遇时，应主动点头示意并侧身避让	1. 大摇大摆、勾肩搭背； 2. 嬉戏打闹，左顾右盼
手势	1. 为乘客指引时，手掌稍微倾斜，掌心向上，五指并拢，前臂自然上抬，用手掌指路； 2. 指示方向时，应目视目标方向	1. 五指分开； 2. 用手指指点乘客
目光	1. 与乘客交谈或传递物品时，应坦然亲切，双眼正视乘客； 2. 与乘客视线接触时，应点头微笑表示尊敬	1. 俯视乘客； 2. 目光注视乘客时，总是盯着一个部位

4 服务用语要求

语言是为乘客服务的第一工具，城市轨道交通客运服务人员与乘客的交流主要是借助语言进行的，它对做好服务工作有十分突出的作用，具体要求见表3-4。

服务用语要求　　　　　　　　　　　　　　表3-4

分类	基本要求	常见错误
问候用语	1. 主动向乘客问好，常用的问候语有"您好"、"早上好"、"下午好"、"晚上好"； 2. 面带微笑，注视乘客	1. 一言不发； 2. 使用"喂"、"嘿"等不礼貌的语言
应答用语	1. 当乘客询问时，应双眼注视乘客，面带微笑："您好，请讲！" 2. 向乘客致歉时应说："实在对不起！这是我工作上的失误！"、"给您添了许多麻烦，实在抱歉，请多多原谅！"等； 3. 受到乘客表扬时："这是我们应该做的，请多提宝贵意见。" 4. 当未听清楚顾客的问话时说："很对不起，我没听清楚，请重复一遍好吗?"	1. 在回答乘客问题时，边走边回答； 2. 冷言冷语，漠不关心

续上表

分类	基 本 要 求	常 见 错 误
接听电话用语	1. 接听电话时要主动报出站名、岗位及自己的姓名:"××(车站),××(岗位),××(姓名),您好!" 2. 询问对方时应使用敬语:"您好,请问您是哪里?" 3. 在电话转接或中途需要暂时中断时应说:"对不起,请您稍等。" 4. 当对方找的人不在时,应礼貌地询问对方的姓名,是否有事转告,并认真做好记录	1. 语气生硬,漫不经心; 2. 问一句,答一句
广播用语	1. 必须使用普通话,语速中等,语调平缓,音量适中,不可使乘客受到惊吓; 2. 吐字清晰,内容简洁明了	1. 声音刺耳; 2. 漏播、错播

 知识链接

乘客服务的常见用语见表3-5。

乘客服务的常见用语 表3-5

正 确 做 法	不 正 确 做 法
您好!	一言不发
好啊!没问题	好吧
不好意思,麻烦您重复一遍	什么呀
麻烦您,请您	您应该
对不起,我会立即处理	不是我的问题,您找其他人看看
麻烦您等一下,我会尽快为您办理	我现在真的很忙
我帮您看看	您可以去看指示牌
再见	拜拜

3.2 乘客服务中心(售票亭)服务

乘客服务中心(简称售票亭,图3-5)担负整个车站的票务工作,是车站最繁忙的场所之一,其服务水平的高低直接影响整个车站的服务质量。

图3-5 乘客服务中心

一、乘客服务中心服务的基本职责

(1)执行相关规章制度,做到有令必行,有禁必止。

(2)承担整个车站的售补票工作和一卡通充值服务,保证票款的正确和安全,并在规定的时间开关售票窗口。

(3)帮助乘客换取福利票、兑换零钱,负责处理票务问询的相关工作,热情接待乘客,按规定妥善解决乘客提出的问题。

(4)对无法进出站的乘客票卡进行分析,并按规定处理乘客的无效票和过期票。

二、乘客服务中心服务的基本要求

(1)必须佩戴工号牌,做到仪表整洁、仪容端庄。

(2)工作时,应精神饱满、思想集中,不与同事闲聊。

(3)售票时,应做到准确无误;对乘客表达不清楚的地方,要仔细询问清楚,以免出错。在任何情况下,车票、收据与找赎应同时交给乘客,并提醒乘客当面点清找赎钱款。

(4)仔细聆听顾客的询问,耐心听取乘客的意见;在乘客说话时,保持眼神接触,并且点头表示明白或给予适当回应。

(5)业务熟练,工作有序、高效。

(6)对于来到客服中心的乘客,应主动问好,耐心并有礼貌地向他们收集信息,了解乘客的需要,解决乘客遇到的问题,如未听清乘客的需要,必须有礼貌地说:"对不起,麻烦您再讲一遍"。

三、单程票发售服务

1 单程票发售的基本流程

在乘客购买单程票卡时,售票员应该严格执行"一迎、二收、三唱、四操作、五找零、六告别"的程序,具体流程见表3-6。相关资源见二维码13。

二维码13

单程票发售的基本流程　　　　　表3-6

程　序	内　容
一迎	1. 面带微笑迎接乘客: "您好,请问您去哪儿,需要几张票?" "共×××元。" 2. 不能面无表情,无精打采
二收	1. 面带微笑向乘客说:"收您×××元。" 2. 接过票款后,进行验钞。 3. 不能一言不发

续上表

程　序	内　容
三唱	1. 重复乘客要求的购票张数； 2. 重复票款金额： "到×××车站单程票×××张，共×××元。"
四操作	在半自动售票机（BOM）上选择相应功能键，处理车票
五找零	1. 清楚说出找赎金额和车票张数； 2. 将车票和找赎的零钱一起礼貌地交给乘客； 3. 提醒乘客当面点清
六告别	"请您慢走"

练一练

模拟售票现场,进行单程票发售作业(乘客若干、售票员一名)。

场景一:车站出现大客流情况,买票乘客排队较长,很多乘客开始发牢骚……

场景二:某乘客嫌售票速度慢,拼命拍打售票窗口……

 **想一想**

如果你是售票员,售票窗口前排着长队,有乘客过来问路,你将如何处理?

❷ 单程票发售服务常见问题处理

(1)乘客给付的纸币出现残缺

当乘客给付的纸币出现残缺时,应按照以下规定处理:

①不接受缺损1/4以上的纸币。

②不接受辨认不清面值的纸币。

③除上述两种情况外,所有人民币都应该按规定收取(再小的零钱也要接受,不论数量多少)。

④如乘客给付的残钞按规定不能接受时,站务人员应在拒绝收取的同时,礼貌地向乘客解释原因:"对不起,您给我的纸币××××,麻烦您换一张,谢谢合作"。

(2)乘客给付的是假钞

当发现乘客给付的是假钞时,应尽量避免让乘客感到难堪:

①不告诉乘客是假钞,只要求乘客更换:"不好意思,请您换一张纸币。"

②如果提醒无效,应向乘客解释原因:"不好意思,您给我的纸币不能被设备识别,麻烦您换一张,谢谢合作。"

③如果乘客拒绝更换纸币以致干扰到正常服务时,可以报告值班站长或请求公安协助。

④如遇到数量较多的假币,应立即报告值班站长或请求公安出面处理。

(3)找不开零钱时

当遇到找不开零钱时,不要直接建议乘客去另外的入口处买票或充值。

①应礼貌地询问:"对不起,请问您有零钱吗?"

②如果乘客没有零钱,应向乘客表示抱歉:"对不起,这里的零钱刚找完,请您稍等,我们马上备好零钱或麻烦您到对面的票亭兑换。"

(4)当乘客在客服中心窗口前排起长队时

当发现乘客在客服中心窗口前排起长队时,一定要对乘客作适当的安抚:

①对等待已久的乘客或感觉不耐烦的乘客要说:"对不起,请您稍等,我们会尽快办理。"

②如果需要较多的时间接待某位乘客,可以向其他同事请求帮助。

③假如排队的乘客中有投诉时,应先说:"不好意思,让您久等了,我会尽快帮您处理。"

(5)发现有乘客插队时

当发现有乘客插队时,应用礼貌但又坚定的语气告诉他:"麻烦您先排队,我们会尽快为您服务的。"

知识链接(图3-6)

北京地铁的票务政策

第一条:成人带领一名身高不满1.2m儿童乘车时,儿童免票。按照"儿童在前,成人在后"刷卡通过闸机,一名成人只能携带一名免票儿童。

第二条:在车站A购买的单程票不能在车站B使用,票卡必须是当日当站使用,单程票卡原则上不接受退票服务。

第三条:因单程票卡不能识别无法正常出站时,乘客应当持单程票卡到补票处免费换取出站票。

第四条:因使用或保管不当造成单程票卡明显损坏,乘客应当支付单程票卡成本费后领取出站票。

图3-6 闸机

第五条:凡翻越闸门、围栏等违规进、出车站付费区者,按本市有关规定补足十倍乘车费用后,领取出站票出站。

(6)当乘客告诉你售票机发生故障时

①应该说:"多谢您的通知,我们会尽快办理。"

②必须立即处理或通知相关人员处理,使乘客觉得事件受到关注。

(7)当遇到情绪反应较大的乘客或难以处理的个案时

①将乘客带往办公区休息室等地方。

②在处理过程中应有不少于两个人在现场。

③倾听乘客的需求。

④不要一味地否定乘客的表述,即便是乘客的表述存在问题。

⑤如果在处理过程中发现无法独自处理此事,需及时联系上级主管,取得帮助,应明确告知乘客,表示对此事的重视。

想一想

在处理票务事务的过程中,当乘客恶语相向或用带有侮辱性的语言时,我们应该如何处理?

 练一练

模拟现场,分组实施(乘客组、工作人员组、检查人员组),利用所学知识帮助处理下列问题:

场景1 一乘客购票时使用一张假钞并拒绝更换。

场景2 乘客认为票务员在售票过程中少找钱了,要求票务员返回少找的钱款。

 【案例分析3-1】

购买多张单程票的情形

在你当班过程中,有一个乘客过来要求买20张单程票,你会直接卖给他吗?如何灵活处理呢?

 【案例分析3-2】

未赶上末班车的情形

某日,临近运营结束时,一名乘客从换乘站进站购票,买完票后,乘客发现已经没有办法赶上换乘线路的末班车去目的车站,引发乘客的不满。

(1)分析乘客不满意的原因。

(2)售票员应该如何做才可以避免此类事情再次发生?

四 一卡通(储值卡)发卡、充值服务

1 一卡通发卡、充值服务的基本流程

在进行一卡通发卡和充值时,应严格遵守"一迎、二收、三确认、四操作、五找零、六告

别"的程序,具体流程见表3-7。

一卡通发卡、充值服务的基本流程　　　　　　表3-7

程　序	内　容
一迎	1.面带微笑,主动向乘客道"您好"; 2.问清乘客欲购一卡通金额或充值金额
二收	1.收取乘客的票款:"您好,收您××元。" 2.接过票款后,进行验钞,并将收取的票款放在售票台面上; 3.严禁拒收旧钞、零币、分币
三确认	1.对于购买一卡通的乘客,提醒乘客根据显示屏确认票卡内金额; 2.对于充值的乘客,则需要重复乘客充值的金额和票卡当前余额,并提示乘客根据显示屏确认充值后的金额: "您卡上余额是××元,充值××元,充值后金额为××元,请核对信息。"
四操作	按照设备使用规定,操作BOM机准确发售票卡或充值
五找零	1.清楚说出找赎金额; 2.将找零、一卡通、收据和发票一起礼貌地交给乘客; 3.提醒乘客当面点清; 4.找零做到有新不给旧,有整不给零
六告别	"请您慢走",待乘客离开窗口后,将台面上的票款收入放进抽屉内

小贴士

负责售票的工作人员不得携带私款上岗,不允许代人存放物品。

2 一卡通服务常见问题处理

(1)当乘客需要的某些一卡通服务在车站无法办理时
①首先给乘客适当的安抚,向乘客表示抱歉:"对不起,目前车站无法办理此项业务。"
②向乘客解释车站没有办理此项业务的权限。

③如果乘客办理退卡,告知乘客可以到指定的网点办理退卡,并告诉乘客离本车站最近的网点位置。

(2)当乘客的一卡通(图3-7)无法刷卡进站时
①"请您别着急,我帮您查一下",双手接过乘客的票卡,查询乘客一卡通的基本信息,首先判断无法进站的原因。

图3-7　北京市政交通一卡通

②如果一卡通余额不足,则礼貌地提醒乘客充值或购买单程票卡进站:"您好,您的票卡余额不足,请您充值后使用,谢谢合作。"

③如果乘客已有本次进站记录,可以告知乘客一张卡只能一人使用,避免出现一卡多人进站的问题。

④如果一卡通无上次出站记录,则需要补写出站信息,同时告知乘客会扣除上次乘车的费用,并提醒乘客出站时也需要刷卡。

⑤如果一卡通消磁,则礼貌地提醒乘客购买单程票卡进站,并建议乘客可以到指定网点办理换卡的手续。

想一想

一卡通无法刷卡出站时,我们应该如何处理呢?

五 福利票发售服务

发售福利票服务的基本流程如下:

(1)主动问候乘客:"您好,请出示您的证件。"

(2)"请您稍等。"双手接过乘客的相关证件,核对乘客所持有的免费证件是否有效。

(3)如实填写《福利票换领记录》,并要求乘客签字确认。

(4)"请您收好,慢走。"将福利票双手递给乘客。

小贴士

如遇到持有《残疾证》(视力残疾)的盲人乘客,在向其发放福利票的同时,也需要向其一名陪同人员发放一张福利票。

知识链接

换取福利票的相关规定(北京)

根据北京市政府相关规定,以下人员可持证换领福利票:

(1)离休干部持《离休证》;

(2)残疾军人持《残疾军人证》,伤残人民警察持《伤残人民警察证》;

(3)现役士兵(含武警士兵)持《士兵证》;

(4) 盲人持《残疾证》；

(5) 其他可换领福利票的人员及所持证件，以票务收益室通知为准。

 想一想

某日，一名男性乘客拿着伤残军人证换福利票，售票员辨认该证件为伪造证件，于是直接大声指出该证件是伪造的，不同意为其兑换。乘客觉得没有面子，开口就骂脏话，并且和该售票员发生了争吵，影响了对其他乘客的售票服务，1分钟以后，该售票员请求值班站长协助处理，乘客边骂边离开了车站。

思考：

(1) 在上述案例中，票务员有哪些地方做得不合适？

(2) 乘客和售票员争吵的主要原因是什么？如何避免该乘客再次利用伪证？

(3) 如果你是售票员，你会如何处理？

六 处理坏票及其他票务服务

1 当乘客的单程票卡不能正常出站时

(1) 首先，要先安抚乘客，表示道歉。

(2) 简单查询票卡的基本信息，如果无法识别，则免费换取出站票。

2 如果乘客因使用不当造成单程票卡明显损坏

(1) 首先，应适当地安抚乘客："很抱歉，您的票卡已经损坏，无法正常刷卡。"

(2) 要求乘客支付单程票卡的成本费，向乘客耐心解释车站的规章制度。

(3) 帮助乘客换取出站票出站。

3 当乘客要求退票时

如果线路运营正常，则应按照城市轨道交通运营企业的相关规定不予退票，处理方法如下：

(1) 首先，要说明车站的制度，并向乘客表示抱歉："对不起，按照规定，我们不能帮您退票。"

(2) 向乘客解释单程票卡一律不给退票。

(3) 如要办理储值卡退票，则需要到指定的储值票发放点。

如果线路运营发生故障，具体处理方法如下：

(1)安抚乘客的急躁心理,并向乘客道歉:"对不起,请稍候,我们马上帮您解决。"
(2)立即上报值班站长,经值班站长允许后按规定退票。

3.3 站厅服务

车站站厅(图3-8)是车站的门面和窗口,其服务水平的高低是乘客对车站服务产生深刻印象和作出评价的重要依据。现阶段,随着客流量的大量增长,乘客文化层次差异的扩大,给站厅服务增加了新的难度。如何提高站厅服务质量、减少乘客投诉的发生已成为现阶段亟待解决的问题之一。

a)

b)

图3-8 车站站厅

一 站厅服务的基本职责

(1)执行相关规章制度,做到有令必行,有禁必止。
(2)密切注意站厅乘客动态,发现有违反地铁规定(如精神异常等)的应及时给予制止。
(3)帮助乘客、回答乘客问询,特别注意帮助老、弱、病、残等有困难乘客。
(4)引导乘客正确操作票务设备,巡视车站自动售检票设备的运行情况,协助票箱、钱箱的更换或清点工作。
(5)负责巡查站厅、出入口,保证设备设施的正常运行。并做好相关巡查记录,发现安全隐患时应及时报修,发现有故意损坏地铁设备的行为时应及时制止,并上报。

二 站厅服务的基本要求

(1)必须佩戴工号牌,做到仪表整洁、仪容端庄。

(2)工作时,精神饱满、思想集中,不准闲聊。

(3)发现乘客携带超长、超大、超重物品时,应禁止其进站,并做好相应的解释工作。

(4)遇到乘客不能进出站现象,要礼貌地引导乘客到客服中心进行票卡的分析。

(5)遇到漏票现象,要态度平和地要求乘客去客服中心进行补票,切不可与乘客争吵或讽刺挖苦乘客。

(6)留意地面卫生,发现积水、垃圾、杂物等应及时通知保洁人员处理,同时设置警示牌(图3-9),防止乘客摔倒。

图3-9 小心地滑指示牌

(7)负责站厅、出入口的客流组织工作,防止乘客过分拥挤,必要时采用相应的限流措施。

(8)遇到老人、儿童等需要帮助的乘客,要适当留意,协助他们尽快出站。

三 安全检查(以下简称安检)服务(图3-10)

图3-10 安检人员等待乘客接受安检

1 安检服务的基本流程

安全检查作为与乘客安全息息相关的一项工作,必须严格、规范执行。检查人员也应该以规范的服务流程完成安全检查工作,安检服务的基本流程见表3-8。

安检服务的基本流程　　　　　　　　　　　表3-8

程　　序	内　　容
一迎	检查之前,应主动提示:"您好,请接受安检,谢谢您的合作。"
二操作	检查时,应主动伸手去帮助乘客把包放到检测仪上或抬到桌子上
三告别	检查之后应向乘客表示感谢:"给您添麻烦了,请您慢走。"并帮助乘客把行李从监测仪上拿下来

2 安检服务常见问题处理

(1) 发现乘客携带超长、超重物品时

①提醒乘客:"对不起,您不能携带超长(超重)的物品进站。"

②耐心地解释地铁相关规定,建议乘客改乘其他交通工具。

③如遇到态度强硬、固执的乘客,首先让乘客了解:他的情况很难处理,如果乘客认为东西太重,不愿意出站,可以寻求其他同事帮助乘客。

④如果乘客坚持搭乘,则可要求警方协助。

(2) 发现乘客包内有违禁品时

①把包拿到一边进行详细检查,避免当着所有乘客的面检查包内违禁品,让乘客感到

难堪。

②耐心地解释地铁相关规定,向乘客详细指出哪些物品属于违禁品。

③如遇到态度强硬、固执的乘客,可以寻求其他工作人员帮助。

(3)出现客流高峰时

①委婉地提醒乘客加快速度,并提醒后一位乘客做好准备,避免出现拥挤忙乱的现象。

②如果乘客过多,可以采用手持检测仪进行检查,以加快安检的速度。如图 3-11 所示。

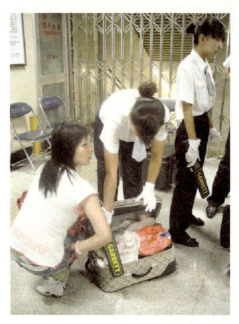

图 3-11　工作人员用手持检测仪进行检查

 知识链接

北京地铁违禁品规定

第一类　枪支、军用或警用械具类(含主要零部件)。具体如下。

①公务用枪和民用枪:手枪、步枪、气枪、猎枪、麻醉注射枪等。

②其他枪支:样品枪、道具枪、发令枪、打火机枪、仿真枪等。

③军械、警械、警棍等。

④国家禁止的枪支、械具:钢珠枪、催泪枪等。

⑤上述物品的仿制品。

第二类　爆炸物品类,主要包括以下几种。

①弹药:各类炮弹和子弹等。

②爆破器材:炸药、雷管、手雷、导爆索、打火机等。

③烟火制品:礼花弹、烟花、爆竹等。

第三类 管制刀具,主要包括以下几种:

①匕首、三棱刀(包括机械加工用的三棱刮刀)。

②带有自锁装置的弹簧刀。

第四类 易燃易爆品,具体如下:

①汽油、柴油、松香油、油纸、过氧化氢等。

②2kg以上的白酒、氢气球。

第五类 毒害品。主要包括氰化物、汞(水银)、剧毒农药等剧毒化学品以及砷粉、生漆等。

第六类 腐蚀性物品。主要包括盐酸、氢氧化钠、氢氧化钾等以及硫酸、硝酸、蓄电池等。

第七类 放射性物品。主要有放射性同位素等放射性物品。

第八类 国家法律、法规规定等其他禁止乘客携带的物品。具体如下:

①禁止携带超长(1.8m以上)、笨重物品(如自行车、洗衣机、电视机、台式电脑显示器、电冰箱、组合音响等物品)乘车。

②禁止携带动物以及妨碍公共卫生、车辆通行和危害乘客安全(如玻璃及易碎玻璃制品)等物品乘车。

想一想

在地铁安检时,哪些违禁品需要没收?

四 监票服务(图3-12)

1 监票服务的基本流程(表3-9)

监票服务的基本流程　　　　　　表3-9

程 序	内 容
一听看	1.听闸机(自动检票机)提示音是否正确,看显示灯(图3-13)是否正确; 2.如设备提示音或显示灯显示不正确,则耐心向乘客解释:"对不起,请您再刷一次。"
二提示	提示乘客正确刷卡,顺序进出站
三引导	1.引导刷卡成功的乘客迅速进站乘车; 2.引导票卡异常的乘客去客服中心(票务或售票亭)办理

2 监票服务常见问题处理

(1)当乘客初次使用车票时

①耐心地告诉并指导乘客:"请您在××区域刷卡,出站时票卡需要回收,请妥善保管,谢谢您的合作。"

②必要时协助乘客使用票卡,注意不要影响其他乘客进出闸机。

图 3-12　立岗准备进行监票服务

图 3-13　北京地铁四号线闸机

1-刷卡状态显示灯,刷卡成功则亮绿色;2-优惠票指示灯,显示票卡是否为优惠票

(2)当乘客携带大件行李时

①礼貌地和乘客沟通,建议其使用直梯或走楼梯:"您好,您的行李较多,为了您的安全,请使用直梯,谢谢您的配合。"

②引导其从宽闸机(图3-14)进站。

图 3-14　地铁闸机(最左侧为宽闸机)

(当行李物品较多时,一般使用宽闸机进出站)

(3)当发现成人、身高超过1.2m的小孩逃票或违规使用车票进站时

①应立即上前制止,并要求其到售票处买票:"对不起,您的孩子身高超过了1.2m,请您买票,谢谢您的配合!"

②若发现违规使用车票的乘客,可按法制程序执行,必要时寻求驻站公安民警配合处理。

小贴士

如果有儿童进站,则礼貌地提醒乘客按照"儿童在前,成人在后"的原则刷卡通过闸机,或建议乘客抱起孩子进出闸机。

 知识链接

中国香港地铁的贴心服务

如图 3-15 所示,在香港地铁,把测量身高用的简单而又呆板的尺子,做成卡通的模样,能吸引小朋友的注意力,小朋友可以自觉过来测量身高,为车站工作人员提供了方便,真正体现了地铁的人性化服务。

图 3-15　香港地铁测身高的尺子

(4)发现乘客刷卡正确,但刷卡无效时

①先了解情况,礼貌地向乘客询问是否已经刷过卡。

②如了解情况后,仍不能解决,则需要安抚乘客:"您别着急,我帮您查询一下。"

③引导乘客到客服中心或补票亭进行查询,礼貌地用手掌指示前往的方向。

④若情况许可,最好能陪同乘客前往解决问题,以免乘客重复提出问题和需要。

⑤服务中注意使用文明用语"请跟我来,请这边走,谢谢您的配合等。"

小贴士

地铁工作人员可以拒绝下列乘客进站：
① 拒不接受安检的乘客；
② 携带违禁物品的乘客；
③ 乞讨人员、小摊贩等。

(5) 当乘客出站卡票时
① 先安抚乘客："对不起，我们马上为您解决。"
② 查看闸机的状态，发现确实卡票，则按规定办理。
③ 找到车票后，向乘客询问该车票的信息，确认车票是否为该乘客的，并做好相应的解释和道歉工作。
④ 若车站计算机没有报警，打开闸机也没有找到车票，请自动售检票系统 AFC 维修人员到现场确认。如情况属实，对乘客做好解释工作。

五 自助售票服务

自助售票服务的情景见图 3-16，图中两侧工作人员准备指导乘客使用自助售票设备。

图 3-16 工作人员准备指导乘客使用自助售票设备

1 当乘客第一次使用自动售票设备时

（1）耐心指导乘客如何使用自动售票设备（图3-17），尽量让乘客自己操作，注意避免直接接触乘客财物，以免发生不必要的纠纷。

（2）耐心指导乘客如何刷卡进站，并提醒乘客要妥善保管票卡，出站票卡需要回收。

2 当乘客使用自动售票设备出现卡币时

（1）检查设备状态，如显示卡币，则向乘客道歉并按票务管理规定办理。

（2）如显示正常，则按有关规定开启设备维修门，确认有卡币现象后，立即向乘客道歉："对不起，设备出现故障，请您谅解，我会马上为您处理。"

（3）如打开维修门后，确认没有出现卡币现象，则向乘客解释："对不起，经我们核查，目前机器没有出现故障，按照规定我们不能为您办理，请您谅解和合作。"

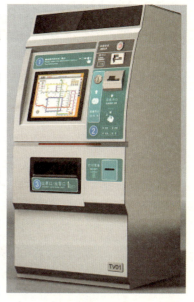

图3-17　自动售票设备

小贴士

当设备出现故障时，应主动悬挂故障标志，并及时上报维修。

3 当乘客使用自助售票设备出现卡票时

（1）检查设备状态，如显示卡票，则按规定办理。

（2）如显示正常，则打开维修门进行查看；如出现卡票现象则立即向乘客道歉："对不起，我们立即为您重新发售车票。"

（3）如打开维修门后，发现没有卡票现象，则由工作人员向乘客做好解释工作，必要时可以交给值班站长处理。

4 当发现售票亭处排队乘客过多时

（1）面带微笑，主动进行宣传疏导："现在购票乘客较多，您可以使用自动售票机购票或充值。"

（2）征得乘客同意，引领乘客："您好，大家请跟我来。"

（3）对乘客的配合表示感谢："谢谢大家的配合。"

3.4 站台服务

站台(图3-18)是车站的重要组成部分。在早晚高峰时,站台上来往乘客较多,稍有疏忽,就有可能发生安全事故,尤其是在乘客上、下车时容易混乱,工作人员和乘客之间也容易发生纠纷。因此,站台服务需要将安全理念和服务技巧相结合。站台服务主要包括:乘客候车服务、乘客安全服务、重点乘客服务、乘客广播服务、乘客秩序维护等。

图3-18　地铁车站站台

一、站台服务(图3-19)的基本职责

(1)执行相关规章制度,做到有令必行,有禁必止。

(2)注意站台乘客的候车动态。在没有设置屏蔽门的站台应提示乘客站在黄色安全线以内候车,及时提醒特殊乘客注意安全(如对不便乘坐扶梯的乘客应提醒其走楼梯),提醒乘客不要依靠屏蔽门等。

(3)车门或屏蔽门关门时,应确认其工作状况。发现未关闭好时,应及时向综控室报告,并负责处理屏蔽门故障。

(4)帮助乘客,回答乘客问询。

(5)特别注意帮助老、弱、病、残等有困难乘客上、下车。

（6）负责站台设备的安全。

图3-19 奥运期间北京地铁的工作人员正在进行站台服务

二 站台服务的基本要求

（1）必须佩戴工号牌，做到仪表整洁、仪容端庄。

（2）工作时，精神饱满、思想集中，不准闲聊。

（3）保持站台环境清洁，注意站台设备的工作状况，如发生故障，应及时维修，以免给乘客带来不便。

（4）注意乘客安全，个别乘客站在安全线以内时，应给予适当提醒。协助乘客安全进出车厢，维持站台秩序，方便开关车门，见图3-20。

（5）留意站台上乘客的需要，如看到乘客有任何困难（身体不适、行动不便等），应主动上前了解情况，并尽量提供帮助，必要时可以向其他同事请求协助。

（6）遇到特殊事件时，能正确及时地进行站台广播。

图3-20 站务人员监控站台

 想一想

站台设备主要包括哪些？当这些设备发生故障时，站务员应该如何处理？

三 乘客候车服务

1 当乘客站在黄色安全线以外候车时

(1)应及时提醒乘客:"为了您的安全,请在黄色安全线以内候车。"
(2)如果乘客没有退后,应立即上前制止该乘客的行为。

2 当乘客采用蹲姿候车时

(1)应及时上前了解情况,看乘客是否有身体不适。
(2)如没有,应提醒乘客:"为了您的安全,请勿蹲姿候车"。

3 当乘客身体不适时

(1)应主动上前询问情况,并指引他们到候车椅上休息。
(2)如果情况严重,则通知车站综合控制室处理。

4 当乘客在站台上吸烟时

如发现乘客在站台上吸烟,应立即上前制止,并有礼貌地解释:"对不起,为了安全,车站内不允许吸烟,请您灭掉烟头,谢谢您的合作。"

5 当乘客企图冲上正在关门动作中的列车时

如果乘客企图冲上正在关门动作中的列车,应阻止乘客(避免和乘客有直接碰触)并有礼貌地提醒:"请勿靠近车门,下次列车将于××分钟进站,请等候下班列车。"

6 当乘客在站台上逗留时

若发现有长时间逗留在站台不出站的乘客,应主动上前询问情况,避免发生逗留的乘客跳轨等紧急情况的发生。

四 问询引导服务

有的乘客在候车时,往往是骑马找马,到了站台站在指示牌前,也会焦急地问站务员:"请问到××坐哪个方向的车?""请问到××从哪个出口出站?"作为站务员,一定不能表现不耐烦,而应该耐心地详细解答。具体细节如下(图3-21):

(1) 用手掌指示方向。比较标准的引导手势是：手掌伸平，五指自然收拢，掌心向上，小臂稍向前伸，指向乘客要去的方向，不要伸出一个手指头，指指点点。

(2) 解答时使用敬语。"您可以往××方向走。"

(3) 乘客表示感谢时应礼貌回答"不用谢"或"这是我们应该做的"。

(4) 如果乘客提出的问题，站务员无法给出确切的答案，需要向乘客解释，提示乘客需要到附近再核查一下。不要直接回答"不知道"，也不要回答一些误导性或错误信息给乘客。

图 3-21　问询引导服务

练一练

在站务人员的日常工作中，很多情况下都需要为乘客指路，为乘客指示方向时应注意以下几点：

(1) 手臂要从腰边顺上来，五指并拢，打手势时切忌五指张开或表现出软绵绵的无力感。

(2) 手臂伸直，高度应超过自己的胸部。

(3) 视线随之过去，很明确地告诉乘客正确的方位。

(4) 待乘客离去后，再将手臂收回。

五　乘客广播服务

遇到特殊事件时，站务员需要正确及时地进行站台广播。

1 语音广播

站务员应尽量使用语音广播，并注意如下事项：

(1) 广播是否清晰准确。

(2) 音量大小是否过大/过小。

(3) 广播是否适时地重复。

(4) 广播是否在适当的地点播出。

2 人工广播

人工广播一般在应急或特殊情况下采用。应注意以下事项：

(1)先提醒乘客注意:"乘客请注意,……。"
(2)用简洁的语言告知乘客发生的具体事件。
(3)对给乘客带来的不便表示歉意。
(4)对乘客的配合表示感谢。
(5)语速适中,口齿清楚,语调清晰。

 想一想

当你从闭路电视系统看到有小孩在站台上追逐打闹,你应该如何广播?

3.5 车站应急服务与特殊乘客服务

一 应急服务

乘客在乘车过程中,难免会遇到突发状况。当事情发生时,乘客和其身边的人员通常会感到不安和慌乱,在这种情况下,应根据现场情况进行灵活处理,并且要充分考虑乘客的心理,避免出现尴尬情况。

1 乘客突发疾病时

(1)先主动上前查看乘客的情况,适当地安抚和询问:"您好,您哪里不舒服吗?""需要帮您叫救护车吗?"

(2)征得乘客或其家属的同意后,及时与急救中心联系,必要时可以请求其他工作人员到车站出口迎候急救人员,并宣传疏导周围乘客,保障各个通道都畅通无阻,为乘客的治疗争取时间。

(3)协助医护人员将乘客送上救护车。

小贴士

当乘客突发疾病时,如果乘客意识清醒,拨打120前最好要征得乘客同意。对于突发疾病的乘客,切忌随意移动,在处理过程中以协助为主,站务人员不能自作主张对乘客采取任何药物治疗。

想一想

如果你在工作过程中,遇到乘客衣扣脱落等尴尬情况,你会如何处理?

❷ 乘客有物品掉落轨道时

(1)站务员安抚并提醒乘客:"为了您的安全,请勿私自跳下轨道,请您放心,我会尽快为您处理。"如条件允许时及时为乘客取回。

(2)如果条件不允许,则告知乘客将于运营结束后下轨道拾回物品:"对不起,目前条件不允许,我们将在运营结束后,帮您拾取。"并请乘客留下联系方式,第二日到车站领回物品。

❸ 当有乘客走失时

(1)首先适当地安抚乘客。
(2)了解情况(走失人员的性别、年龄、特征、走失时间、乘车路线等)并进行登记。
(3)利用广播在车站内协助寻找,如未找到,可上报至运营控制中心在全线进行广播寻找,必要时在征得乘客同意后,协助乘客通知公安部门找寻。

❹ 遗失物品查找服务(表3-10)

遗失物品查找服务 表3-10

程 序		内 容
当乘客反映物品丢失时	接到乘客反映	1.安抚乘客:"请您别着急,我们马上帮您广播。" 2.了解遗失物品的基本特征和物品遗失的地点和时间等
	采取措施	1.通过广播在本车站进行询问和查找; 2.通过电话向有关车站进行询问和查找; 3.找到物品时,协助乘客办理认领,应礼貌核对乘客的身份,确认乘客所述物品与找到的物品一致; 4.若没有找到遗失物品,应向乘客表示抱歉,并将乘客的姓名、身份证号码、联系方式进行记录,以便联系乘客,必要时可以告知乘客向车站属地派出所报案

续上表

程　序		内　容
当乘客捡拾到其他乘客的物品并上交时	接到遗失物品	1. 向乘客表示感谢； 2. 当着乘客的面，对物品进行详细的清点和记录，并请乘客签字确认
	采取措施	1. 通过广播寻找失主； 2. 未找到失主时，将物品上交保管； 3. 如果有乘客过来认领时，应礼貌核对乘客的身份，并请乘客签字确认

5 乘客在车站内发生伤害（如被车门夹伤、在扶梯处摔倒）等情况时

（1）安抚乘客情绪，了解伤害状况，对伤口进行简单的消毒处理。

（2）当乘客提出要去医疗机构检查的要求时，应按照地铁相应规定进行处置，必要时应该让工作人员同乘客一起去医疗机构就诊。

（3）在处理乘客伤害过程中，切忌推诿或拒绝其就医要求。对未受到伤害的乘客，要耐心地向乘客解释，讲明公司的规定，必要时，向上级报告，求得解决办法。

6 当乘客被困在故障垂直电梯时

（1）接到求救信息后要与乘客沟通，确认电梯内人员数量和人员情况，上报故障报警中心，并提醒乘客在接到指示之前不得进行任何操作（如扒开梯门等）。

（2）通过电梯内的通信装置先稳定乘客情绪，注意与乘客沟通，安慰乘客，让乘客保持镇定，并告知维修人员将马上进行维修。

（3）故障电梯应立即停用，放置暂停服务牌。

（4）等待专业救援人员进行维修和救援。

二 特殊乘客服务

1 老年人

（1）在售票过程中，应放慢语速，音量适当放大但不刺耳，以免惊吓到老年乘客，服务全过程需要耐心提示，悉心帮助。

（2）在进出站时，应礼貌地建议年老的乘客搭乘直梯或走楼梯，如果乘客坚持搭乘自动扶梯，则由工作人员陪同老人一起搭乘自动扶梯。

2 儿童

（1）年幼的乘客只有在大人陪同下才可以进入车站，提醒乘客遵循儿童在前、大人在后的刷卡进站原则。

（2）要特别关注儿童乘车，时时提醒看护人照看好儿童，避免发生因儿童快跑，与其他乘客发生碰撞引发的摔伤。

3 身体不适的乘客

（1）及时上前询问情况。

（2）带乘客去休息室或综控室休息，并帮助乘客倒水。

（3）如果乘客稍作休息后无好转，可以征求乘客的意见是否需要帮忙叫救护车。

4 残疾人

（1）由出入口进入站厅。如果有直梯，帮助残疾乘客乘坐直梯；如果没有直梯，则安排并帮助乘客乘坐残疾人专用电梯，见图3-22。

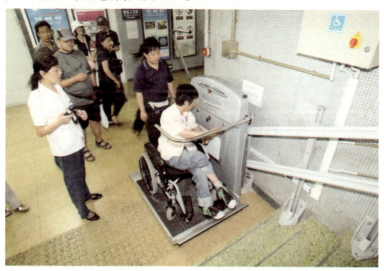

图3-22 残疾人专用电梯

（2）引导与陪同。在推行轮椅的过程中应注意行进速度和稳定性；在轮椅陪护过程中应减少对其他乘客的妨碍，轮椅行进过程中提示周围乘客避让。

（3）协助安检。引导乘客至安检位置，对乘客的行李和轮椅进行检查，尽可能由同性别的工作人员完成，尽量减少琐碎不变的环节，并给予乘客足够的尊重。

（4）协助乘客进出付费区。引导乘客至售票处，带乘客完成购票，引导乘客从宽通道或专用通道进出付费区，并帮助其刷卡。

（5）协助上、下车。引导乘客至划定的站台无障碍候车区域，疏导其他乘客到相邻车门排队候车，使用渡板（图3-23）让乘客安全上下车。上车时，要将乘客护送至车厢内无障碍专用位置，确认轮椅已经制动或与列车上专用挂钩固定，并提醒乘客坐稳扶牢，告知乘客目的站会有站务人员迎送，然后通知目的车站的工作人员该乘客所乘车次、车号、发车时间、所在车门位置,列车路线等信息,目的站应做好准备工作。

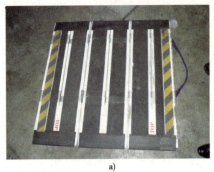
a)

b)

图 3-23 渡板

 小贴士

在为残疾乘客提供服务时,需要先征得乘客的同意,在与其进行交流的过程中,不要总盯着乘客残疾部位。

3.6 列车司机服务

一 列车司机服务基本要求

列车司机服务基本要求见表 3-11。

司机服务的基本要求　　　　　　　表 3-11

程　序	内　容
上班前	1. 保证充足的休息,良好的精神状态; 2. 不可在酒后和药物影响下工作; 3. 按规定穿着制服并检查相关行车备品,认真阅读相关文件
列车启动前	对列车进行专业的检查

续上表

程　序	内　容
列车驾驶过程中 （图3-24）	1. 坐姿正确，目光要向前； 2. 遵守司机守则，专注驾驶列车，不准接打私人电话； 3. 经常留意路轨和车厢内发生的事情，当乘客有不当行为时，要进行广播劝阻，必要时，及时上报，以免骚扰或危害到其他乘客； 4. 及时发现任何潜在的危险，并上报有关部门进行处理
换班	检查自己的仪表，注意提工具包的姿势

图3-24　列车司机正在驾驶列车

二 列车司机服务常见问题处理

1 当遇到异常情况，需要紧急停车时

及时进行广播通知乘客紧握扶手，避免乘客碰撞跌倒造成损伤。

2 当车内乘客报警装置被启动时

（1）了解乘客的情况："乘客您好，我是本次列车的司机，请问有什么可以帮助您？"

（2）注意在通话过程中要表明自己的身份，向乘客了解信息（发生什么事情，具体位置情况和严重性，是否可以到下一个站进行处理等），必要时需要上报相关部门。

（3）安抚乘客："乘客您好，我已清楚您的信息，已经通知运营控制中心，请稍候，列车进站后将有站务人员帮助您进行处理。"

3 当有走失的乘客时

(1)安抚乘客,告知马上会有其他工作人员过来处理;
(2)留意乘客的基本特征,年龄、身高、性别、服装和仪容,及时上报。

4 在驾驶过程中,有乘客拍打司机室时

(1)不要打开司机室车门,更不要与乘客隔着驾驶室对话;
(2)使用广播询问情况;
(3)通知运营控制中心安排站务人员在下一站进行处理;
(4)通过广播安抚乘客:"不好意思,我是本次列车司机,已经听清楚您的情况,事情已经通知上级,因列车正在行驶中,请稍候,到站后会有工作人员过来帮助您进行处理,谢谢您的配合。"

5 列车因事故需要停驶一段时间

应尽早通过广播通知乘客,说明原因,请乘客谅解。

3.7 车站维修人员服务

一 车站维修人员服务的基本要求

(1)在维修过程中应以乘客的安全为大前提,并尽可能缩小工作范围,避免影响乘客及其他设施的正常运行,必要时应设置围栏。
(2)在维修过程中应在故障设备旁边放置提示牌,提示设备已出现故障。
(3)搬运维修设备时,应避让乘客,避免在地面拖拉设备。
(4)维修完成后,应及时清理杂物,保持车站清洁。
(5)注意个人仪表及谈话声音,不得聚集在一起闲谈。

二 车站维修人员常见问题处理

(1) 当有乘客想通过故障区域时,应耐心向乘客解释:"对不起,请绕行,我们正在维修设备,谢谢您的配合。"

(2) 当乘客使用故障设备时,应该给予提醒:"对不起,我们正在维修,请您使用其他设备。"

(3) 维修过程中遇到有乘客问询时,应耐心回答,需要时可以请求其他同事帮忙或指示乘客前往适当的查询地点。

(4) 维修过程中遇到突发事件时,例如乘客乘自动扶梯摔倒,应主动上前了解情况,尽量提供协助,及时通知值班站长安排其他员工进行处理。

3.8 城市轨道交通客运服务技巧

一 积极的服务态度

态度是心灵的表白,一般来说,你对别人是什么态度,别人对你也会是什么态度,对乘客显示积极的态度要做到以下几点:

(1) 精神饱满。为乘客提供的服务属于情感劳动,它虽然不像体力劳动那样会耗费你大量的体力,但如果你无精打采、疲惫、沮丧、不高兴、没耐心等都会降低在乘客心目中的服务质量。

(2) 友善耐心。乘客希望得到友善的服务,期待礼貌、尊重与关心。不友善的态度以及缺乏耐心的举动,很容易激怒乘客,它相对于其他问题引发的后果更严重,矛盾也更激烈。因此,应该友善耐心地去对待每一位乘客,提高乘客的满意度。

(3) 主动热情。在车站环境中,工作人员的角色是服务者,乘客则是享受者,他们期待自己被重视。如果能够多关心乘客,把乘客的困难当成是自己的困难,随时乐意为乘客提供帮助,那么乘客的满意度也会大大提高。

二 了解乘客需求

城市轨道交通服务的对象是乘客。客运服务人员只有了解了乘客的需求,才能有的放矢地做好服务工作。了解乘客的需求不仅可以提高服务人员对服务工作的预见性,更有利于服务人员主动地为乘客提供服务。

(1)安全的需求

安全是乘客各种需要的基础,也是做好服务工作的一个重要前提。客运服务人员要时刻留意乘客的动态,及时发现不安全的因素,对乘客不安全的行为给予必要的提醒和劝阻,积极防止因各种原因造成的乘客摔伤、压伤、挤伤等事故。在劝阻过程中应充分照顾到乘客的情感需求,要礼貌、耐心而不是呵斥、埋怨。

(2)快速乘车的需求

乘客选择地铁作为出行工具,很大程度上取决于地铁快捷、准点的特性。如果乘客在进站、安检、购票、候车和出站过程中等待时间过长,势必会影响乘客的出行计划,造成乘客不满。因此,作为服务人员,应不断提高自己的业务水平,加快作业速度。尤其在客流高峰期,要充分理解乘客的心情,适当地安抚乘客。

(3)被重视的需求

乘客是城市轨道交通的服务对象,是付款购买地铁服务的顾客,他们在乘车过程中难免会遇到问题,当然会向工作人员寻求帮助和服务。在这种情况下,服务人员需要多微笑、多体谅、多耐心地为乘客提供帮助,让乘客有被重视的感觉,切忌语言冷淡、对乘客爱理不理。

(4)被尊重的需求

城市轨道交通作为城市客运主体之一,为各种职业的城市居民和流动人口提供服务。乘客修养程度、脾气性格、身体状态和基本素质都有很大的差异,在乘车过程中,难免会有乘客出现违规现象(如逃票、小孩超高等),虽然乘客有错,但服务人员在处理时要充分考虑到乘客的自尊心,耐心地向乘客解释,要尊重乘客而不是挖苦和训斥乘客。

三 避免乘客纠纷

在城市轨道交通迅速发展的今天,服务人员需要适应客运新形势的要求,提升服务水平,避免发生乘客纠纷,主要方法如下:

(1)唱收唱付法。乘客购票时,为了避免争执,要严格执行唱收唱付的票务制度,避免出现票款纠纷。

(2)微笑服务法。微笑可以加强服务效果,无形中减少很多问题。

(3)和风细雨法。遇到抱怨时,不要和乘客争辩理由,应主动查找不足,妥善处理。

(4)快速处理法。应重视乘客的抱怨,快速处理,解决乘客需求。

(5)换位思考法。矛盾产生往往是因为双方不理解造成的,我们需要多做换位思考,更好地了解乘客的需求和情感。

(6)意见分析法。乘客的意见是改善服务的最大源泉,对乘客的意见要虚心接受,多分析多改造。

(7)异人异地处理法。当乘客对某一个服务人员的服务不满意时,可通过变更处理地点,更换处理人员的方法解决纠纷。

四 化解乘客矛盾

(1)处处为乘客着想。在客运服务过程中,任何时候都要维护乘客的面子,不要伤害乘客的自尊,不要同乘客争辩是非曲直,要耐心解释,宽容乘客,争取最好的效果。

(2)不计较乘客态度。服务人员要时时保持谦恭有礼,表现出冷静、耐心,运用语言艺术引导、劝诫、说服乘客,使矛盾化解于萌芽状态。

(3)主动承担责任。遇到乘客不满时,首先要学会说"对不起",很多时候,一句道歉就能平息乘客的不满。

复习与思考

一、简答题

1. 列举乘客无法刷卡进站的原因。
2. 列举乘客无法刷卡出站的原因。
3. 在乘客服务中心服务中,哪些环节容易和乘客发生冲突?应该如何避免?
4. 在站厅服务中,哪些环节容易和乘客发生冲突?应该如何避免?
5. 在站台服务中,哪些环节容易和乘客发生冲突?应该如何避免?

二、案例分析

网易新闻:上海地铁2号线相继出现"超人"、"鹿人"等行为艺术后,2008年10月17日,2号线上惊现"木乃伊"。17日,网友称地铁2号线开到上海科技馆站时,突然上来一个全身裹着白色纱布的形似"木乃伊"的人。该"木乃伊"一上车,很多人都拿出相机拍照。"木乃伊"时不时与乘客打招呼,甚至试图握手,把一位女乘客吓得用书遮面,大叫"快走开,太恐怖了!"。期间,木乃伊还在一个空位上坐了一会。

(1)对于上述案例,该"木乃伊"的出现会给车站的日常工作带来哪些困难?会出现哪些安全隐患?

(2)作为车站工作人员,为了不影响其他乘客,可以拒绝该"木乃伊"进站吗?

(3)如果你是当班站务员,你如何处理?

单元 4

乘客投诉处理

 教学目标

1. 能够分析乘客投诉的原因；
2. 掌握乘客投诉处理的基本原则；
3. 掌握乘客投诉处理的基本步骤；
4. 明确如何才能减少投诉的发生。

 建议学时

8 学时

任何一个组织,包括企业、政府机关、非营利机构,只要提供产品或服务,都有可能遇到投诉。城市轨道交通运营企业作为一个服务性行业,再加上其公共交通的特性,自然也会不可避免地受到投诉。正确认识、妥善接待和处理投诉是良好的企业形象和一流企业管理水平的体现。因此,作为直接面向乘客的服务人员,尤其需要掌握投诉处理的相关知识,处理好乘客投诉,以提高企业运营服务质量,切实维护轨道交通的声誉。

4.1 乘客投诉分析

随着消费者层次的提高,消费者越来越注重自己的权益问题。以前是多一事不如少一事,但现在越来越多的乘客为了自己的权益会选择投诉。当乘客乘坐轨道交通时,会对出行的本身和企业的服务抱有良好的愿望和期盼值,如果这些要求和愿望得不到满足,就会失去心理平衡,由此就会产生"讨个说法"的行为,这就是投诉。广义地说,乘客任何不满意的表示都可以看作投诉。

一 乘客投诉的分类

1 按照投诉的表达方式分类

乘客感到不满意后的反应不外乎两种:一是说出来,二是不说。据一项调查表明:在所有不满意的乘客中,有69%的乘客从不提出投诉,有26%的乘客向身边的服务人员口头抱怨过,而只有5%的乘客会向投诉管理部门(如客服中心)正式投诉。其中,正式投诉根据乘客表达方式的不同可以分为以下三种:

(1)当面口头投诉,包括向公司的任何一个职员。
(2)书面投诉,包括意见箱、邮局信件、网上电子邮件等。
(3)电话投诉,包括热线电话、投诉电话等。

2 按投诉的内容分类

按投诉的内容主要可以分为:车站服务、列车运行、乘车环境、票款差错、设备故障等。

3 按投诉的性质分类

按投诉的性质可以分为有责投诉和无责投诉。有责投诉是指因工作人员工作失误、违规操作、设备设施保障不力等而引起的投诉。无责投诉包括两种情况：一是由于自然灾害等不可抗力因素导致服务失误而引起的投诉；二是因为乘客自身原因而引起的投诉。对于前者，运输企业应该加大应急事件的处理力度，对于后者，运输企业应该加强对乘客的宣传。

二 乘客投诉产生的过程

一般来说，在投诉之前乘客就已经产生了潜在化的抱怨，即对列车运行或者服务存在一定的不满。潜在化的抱怨随着时间推移就变成显在化的抱怨，而显在化的抱怨作为投诉的一种形式，很有可能会转化为正式投诉。具体过程如图4-1所示。

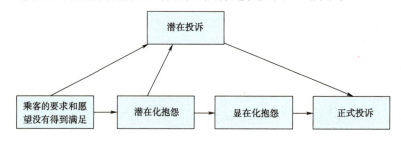

图4-1 投诉产生的过程

三 乘客投诉的原因

乘客感到不满的原因有很多，有时候他们的愤怒是有道理的；而有时候，可能觉得他们简直是在无理取闹。无论有没有道理，都要牢记"乘客投诉都是有原因的"。要想消除他们的不满，就必须找到引起他们不满意的原因，见表4-1。

乘客投诉原因　　　　　　　　　　　表4-1

乘客自身原因	企业服务的原因
1.乘客对服务的期望值过高，乘客的要求服务人员无法满足； 2.乘客不了解或不知道企业规定； 3.乘客本身强词夺理	1.设备设施故障影响出行； 2.工作人员不规范作业，业务能力不过关； 3.工作人员的工作效率太低； 4.工作人员说话态度不好； 5.工作人员不作为； 6.工作人员没有足够能力来解决乘客的问题； 7.因工作人员的疏忽，乘客的利益遭受损失

 想一想

2010年9月,北京地铁某车站,一位乘客来到售票窗口(图4-2)要求为储值票充值,因为是客流高峰期(北京地铁规定客流高峰期不能提供充值服务),售票员没有解释原因,就直接态度生硬地说:"不能充值。"该乘客要求解释原因时,售票员不耐烦地用手指了指旁边的告示,接着就给下一位乘客售票。该乘客认为该售票员态度恶劣,并和售票员发生了争执。售票员认为制度规定了客流高峰期本来就不能充值,觉得自己没有做错。乘客不满,事后投诉。

图4-2 售票窗口

讨论:

(1)如果你是售票员,你会为该位乘客的储值票充值吗?

(2)在整个事件中,引起乘客投诉的原因有哪些?其中哪个是乘客投诉的最主要原因?

(3)在乘客来充值时,售票员应该如何处理来避免乘客投诉?

(4)如果你是售票员,和乘客发生争执时,你会如何处理?

四 认识投诉

只要是服务行业,就无法避免消费者的抱怨和投诉,即使是最优秀的服务企业,也不可能保证永远不发生失误或引起投诉。作为城市轨道交通的客运服务部门,在服务过程中引起乘客投诉是很正常的,不能一味地恐惧投诉,厌恶投诉。需要对投诉有一个清醒的认识,这样才能更好地处理投诉,更有效地改进服务工作并提高服务质量。

 知识链接

美国白宫全国消费者调查统计

美国白宫曾作过一次全国消费调查:即使是不满意,还会选择该服务的顾客有多少?

(1)不投诉的顾客中,只有9%的不投诉顾客表示会再次选择该项服务,有91%的顾客表示不会再次选择该服务。

(2)投诉后没有得到有效解决的顾客中,19%的顾客表示会再选择该项服务,81%的顾客表示不会再次选择该服务。

(3)投诉后得到解决的顾客中,54%的顾客表示会再选择该项服务,但有46%的顾客表示不会再次选择该服务。

(4)投诉得到迅速解决的顾客中,82%的顾客表示会再选择该项服务,有18%的顾客表示不会再次选择该服务。

(5)在不满意的顾客中,只有4%的顾客会投诉,96%的顾客不投诉,但会将自己的不满告诉20人以上。

以上数据表明,不投诉比投诉更可怕。顾客遇到问题,如果选择不投诉,对企业来说是一大损失。因此,不仅应该鼓励顾客投诉,而且,要以最快的速度化解顾客的不满和抱怨,真诚地为他们解决问题,积极采取补救措施。

作为直接面向乘客的服务人员,应当以积极和欣赏的态度来看待投诉。

(1)重视投诉。乘客的投诉大多是刺耳尖锐的、直接的、不留余地的。许多服务人员把投诉当成一个"烫手山芋",希望最好不要发生。可是对于一家公司来说,没有投诉的声音却未必是个好消息。因为通过投诉往往可以暴露服务的薄弱环节。

(2)欢迎投诉。乘客的投诉能给企业机会以回顾和检查在乘客服务中不合适的方面。在投诉处理过程中,服务人员可以向乘客解释企业的规定和标准,从而使乘客和企业能够更好地理解和沟通。因此,作为服务人员,既不需要对投诉感到尴尬,也不需要带有畏惧和抵触的心理。

4.2 乘客投诉处理的原则

客运服务人员每天都会面对成千上万的乘客,在服务过程中,一句不负责任的话、一个不规范的动作、一种生硬的态度等都可能引起乘客的不满而产生投诉。乘客的投诉千差万别,处理投诉也没有一成不变的方法,但面对乘客的投诉如果能牢记并把握以下四个原则,往往能收到很好的效果。

一、安全第一、乘客至上的原则

当接到乘客投诉时,首先要站在乘客的立场上考虑问题:"一定是我们的工作没有做好,给乘客带来了不便",同时还要相信,乘客的投诉总是有他的理由。这是一个非常重要的观念,有了这种观念,客运服务人员才能用平和的心态处理乘客的抱怨和投诉,并且会对乘客的投诉行为给予肯定和感谢。

安全第一、乘客至上就是指在保证地铁安全的前提下,客运服务人员应最大限度地满足乘客需求。只有了解了乘客的需求,才能对症下药,才能向乘客提供优质的服务。

【案例分析4-1】

违反地铁规章制度的情形

2005年1月,两名成年人抱着两个大纸盒进站(图4-3),经工作人员询问后,纸盒内装着电脑显示器,工作人员礼貌地提醒:"先生您好,为了您和其他人的安全,按规定我们不能让您进站。"乘客不理解,不满地说:"为什么不可以,新买的显示器能有什么危险?"该乘客认为客运服务人员故意为难他,和客运服务人员发生争执。

图4-3 地铁进站口

客运服务人员A:为了不和乘客发生冲突,就先让乘客进站,反正是新买的,不会出现问题。

客运服务人员B:一定不能让该乘客进站,即使发生冲突,也不能让其进站。

请问:你赞同哪一名客运服务人员的做法?为什么?

事件分析:

乘客不清楚乘坐地铁的相关规定,认为新的显示器没有任何危险是这次争执发生的主要原因。

注意事项:

(1)地铁的规章制度是不能违反的,在地铁里面应时刻记住"安全第一、乘客至上"的原则。

(2)态度强硬、固执的乘客是有的,作为客运服务人员还是应该耐心地解释地铁相关规定。

(3)让乘客了解,他的情况我们很难处理,但不能埋怨,要从乘客的角度去考虑,了解乘客的需求。如果乘客已经购票,返回票款收回票卡;乘客如果认为东西太重,不愿意出站,可以寻求其他同事帮助乘客。总之,作为客运服务人员,一定要从乘客角度出发考虑处理问题的解决方案。

 知识链接

不同性格乘客的服务要求

不同类型的乘客对服务的需求也有所不同,只有准确判断乘客的类型并进一步把握其性格特点,采取适当的服务措施,才能更好地做到从乘客角度出发。

(1)温和型乘客。温和型乘客性格随和,对自己和别人没有更多的要求,他们比较容易理解别人,注重任何人之间的友好亲切关系。

面对这种乘客,客运服务人员更要以礼相待,以情感人,千万不能因为对方的宽容而忽视了对其的服务,让服务缩水。

(2)独断型乘客。独断型乘客十分自信,有很强的决断力,感情激烈,不容易接受和理解别人,轻易不改变自己的看法和观点,希望每个人都认同他的观点,并满足他的需求。这种类型乘客最不能容忍被怠慢或者不被尊重,是投诉最多的乘客。

面对此类型的乘客时,要镇定自如,始终保持目光的交流,不能怯场,因为这种类型的乘客不愿意听取别人的意见,对于该种类型乘客的服务一定要先征求意见,不然很有可能双方都不愉快。

(3)分析型乘客。分析型乘客的特征是做事非常认真,要求客运服务人员每说一句话都要非常准确,不能有任何含糊的地方。通常分析型乘客说得少,听得多,动作缓慢,表情少,他们的文化素质一般较高,逻辑能力强,讲道理,不接受不公平待遇,但可以接受合理的解释,善于维护自己的权益,对服务不满时往往会说:"这不是理由……"

在跟该类型乘客沟通时,说话要有条理性、逻辑性,如果遇到这种乘客提意见,客运服务人员要注意真诚对待,讲清事实,争取得到理解。

(4)内向型乘客。这种类型的乘客生活比较封闭,对外界事物冷漠,和陌生人保持相当的距离。对客运服务人员的态度、言行、举止非常敏感,他们大都排斥客运服务人员的过分热情。

由于这种乘客比较腼腆,因此客运服务人员看他时目光一定要和蔼,但目光对视不宜过长,以免给乘客造成心理压力。

(5)自我型乘客。自我型乘客是最挑剔的,他们以自我为中心,从来不站在他人的立场上考虑问题,并且绝对不允许利益受到损害,有很强的报复心理,性格敏感而不讲道理,无理也要辩三分。

对待这样的乘客,客运服务人员要控制好情绪,以礼相待,如果有做得不周之处要立即道歉,尽管对方的语言会十分尖刻,但客运服务人员也要包容他,不能发生争执。否则,会引起更多的麻烦。

二 不推脱责任的原则

很多客运服务人员面对乘客投诉的第一反应是:"是我的责任吗?""如果乘客向上级投诉,我应该怎么解释?"。他们常常会说:"如果是我的问题,我一定帮您解决。"这看似十分礼貌,但却是一个十分糟糕的开头。客运服务人员必须清楚地认识到,乘客既然选择投诉就压根没有想到是自己的错,而是想从你那边得到心理安慰,让你重视他的投诉。

面对乘客投诉和不满情绪,客运服务人员首先要反思自己的不足,向乘客道歉,只有表明了这种态度,才能更好地处理乘客投诉。

想一想

2009年1月,一位乘客手持50元人民币到某车站购票乘车,由于列车将要进站,乘客急急忙忙拿了找零的钱就往站台走,到了进站口才发现自己的车票没了,乘客认为刚才慌乱中忘记拿票卡了,随即返回售票处向售票员反映,售票员认为不拿车票是乘客自己的失误,认定乘客自己把车票丢失了,不予理睬,随后与乘客发生争执。

讨论:

上述事件中,售票员有哪些地方处理不当?应如何处理和改善才能减少乘客投诉的概率?

三 先处理情感,后处理事件的原则

美国有一家汽车修理厂,他们有一条服务宗旨很有意思,称为"先修理人,后修理车"。什么叫"先修理人,后修理车"呢?一个人的车坏了,他的心情会非常不好,你应该先关注这个人的心情,然后再关注汽车的维修。对于城市轨道交通运营企业来说也是如此,每一位投诉的乘客,心情都不好,在处理时,需要先关注这个人的心情,让乘客先平息怒气,然后再想办法帮助乘客解决问题。

【案例分析4-2】

乘客产生不满意情绪的情形

2009年1月,×××车站的客服中心前排起了长队(图4-4),因为有一位乘客丢失贵重物品请求工作人员的帮助。好不容易办完了此项业务,刚要给排队的乘客办理售票,另一名工作人员带领一位乘客过来,该位乘客的票不能出站,售票员随即给这位乘客办理,此时排在队首的乘客变得不满:"你们怎么做服务的,怎么先给后来的人服务啊?"售票员急忙解释:"按公司规定,我们需要先为不能出站的乘客服务。"乘客不听解释:"让你们领导过来,我要投诉。"恰好值班站长经过,听了售票员的解释以后,对乘客说:"您好,我们的售票员没有做错,公司确实是这样规定的。"乘客不满意,继续进行投诉。

图4-4　客服中心前排起的长队

事件分析:

(1)工作人员在给乘客提供服务时,没有顾及其他乘客的心态,导致乘客产生不满情绪。

(2)当乘客抱怨自己的不满时,售票员没有第一时间安慰乘客,只是为自己的行为辩解,乘客的不满没有得到安抚。

(3)值班站长到场时,没有耐心倾听,便急着向乘客解释售票员没有做错,忽视了乘客的情感需求。

(4)值班站长漠视乘客的抱怨,没有从乘客角度出发,没有耐心倾听投诉是导致乘客最后投诉的主要原因。

服务技巧:

(1)售票员在为丢失物品的乘客服务时,花费时间较多,应该及时联系车站控制室,请求其他工作人员协助。

(2)当发现乘客有不满意的情绪时,应第一时间给予安抚,并找其他同事协助办理,而不应该第一时间向乘客解释,推脱自己的责任。

(3)值班站长到场时,应先耐心地倾听乘客的投诉,并表示虚心接受乘客的意见。

(4)值班站长不能直接指出售票员没有错,而是应该向乘客委婉地解释,并表示歉意,给乘客一个台阶。

四 包容乘客的原则

包容乘客就是指客运服务人员对乘客的一些错误行为给予理解和宽容。包容乘客的核心是善意的理解。当发现乘客的某些行为违反规定时,只要给予乘客善意的提醒即可。站务员要懂得体谅乘客,避免让乘客处于难堪的状态。虽然乘客的投诉并不都是对的,但那种得理不让人的解决方法,必将会造成双方的关系紧张而不利于问题的解决。如果客运服务人员能够包容乘客,那么由此而引发的冲突就能及时避免。

【案例分析4-3】

乘客有违规行为时的服务

某日,一位妈妈带着孩子在站台上候车。孩子刚喝完饮料,妈妈随手将饮料瓶扔到了地上,给孩子擦完嘴之后,又随手将纸巾扔到了地上。此时,客运服务人员上前制止,要求其将饮料瓶和纸巾放回垃圾桶里,并且嘀咕道:真没素质,孩子还在身边呢,以后怎么教育孩子。这位乘客不乐意,和客运服务人员争吵了起来……

事件分析:
(1)客运服务人员制止乘客乱扔东西的行为值得肯定。
(2)客运服务人员在制止乘客时带有主观情绪,对乘客犯错进行直接指责,而且态度不好,让乘客觉得难堪。

服务技巧:
(1)在发现乘客有违规行为时,要特别注意服务态度,使用礼貌用语。
(2)要以宽容的心对待乘客的错误,耐心地对乘客进行解释教育和提醒,给乘客一个承认错误、改正错误的台阶。

4.3 乘客投诉处理技巧

在处理投诉的过程中,会遇到不同性格的乘客。除了要好好把握乘客投诉处理的基本原则外,还需要掌握一定的处理技巧,只有这样才能更好地为乘客服务,提升城市轨道交通企业的服务质量。

一 用心倾听

抱怨的乘客需要有忠实的听众,工作人员喋喋不休的解释只会让乘客感觉在推卸责任,从而使乘客的心情更差。面对乘客的投诉,工作人员需要掌握倾听的技巧,从倾听中掌握事情发生的细节,找出乘客投诉的真正原因以及其所期望的结果。倾听是一种情感活动,是要真正理解对方所说的意思。想要做到用心倾听,需要注意以下几点:

(1)要有耐心。在乘客投诉的过程中,切忌不要轻易打断乘客,要仔细思考乘客提供的信息。应该花80%的时间去听,给乘客80%的时间去讲。倾听过程中要保持冷静的心态,不受其他事物的影响。

(2)学会回应。倾听的过程中要运用眼神、表情等非语言传播手段来表示自己在认真倾听。尽可能以柔和的目光注视着对方,并通过点头等方式及时对对方的谈话作出反应。

(3)用心。站在乘客的角度考虑问题,将心比心地感受乘客的心情。这是真正能听到乘客心声的好办法,是乘客服务中不可或缺的沟通技巧。

(4)不要挑对方的毛病。倾听时不要当场提出自己的批判性意见,更不要与对方争论,尽量避免使用否定别人的回答或评论式的回答。如"不太可能"、"我认为不该这样"等。应该站在对方的立场去倾听,努力理解对方所说的每一句话。

用心倾听的具体做法见表4-2。

用 心 倾 听　　　　　　　　　　　　　表4-2

要	不 要
1.乘客投诉到车站时,应先请乘客坐下并及时给乘客倒水,表示对乘客的尊重。 2.乘客叙述时要用心倾听,让乘客发泄情绪。在倾听过程中,可以插入"我理解、我明白"这样的话语来表示对乘客的重视与理解。 3.不要轻易打断。如果有不明白的地方,要等乘客说完后,以委婉的语气请乘客提供情况,如:"对不起,是不是可以向您请教……?" 4.适当安抚乘客情绪。如"请您别着急"、"您先消消气"等	1.态度冷漠,对乘客的话没有回应。 2.观点不同时,粗暴地打断乘客。 3.表示出不满或不耐烦

 小贴士

倾听的目的是让乘客把想说的话都说出来,让乘客一吐为快,然后才有协商的余地。其实有些乘客只要能全部倾吐就能解决全部问题,由于有些员工态度不佳引发乘客对该员工的不满,是得不偿失的。

二 了解乘客投诉的心理期望

乘客只有在对服务不满的情况下,才会进行投诉。而对乘客来说,既然选择了投诉,就一定会有一个心理预期并希望得到满意的答复。作为服务人员,只有了解了乘客投诉的心理期望,才能够有针对性地处理投诉。一般来说,乘客投诉的心理期望主要有以下几种:

(1)希望问题能被认真对待。有时乘客进行投诉或建议,并不是要求企业一定能够彻底改变这种现象,只是发表对此状态的看法与观点,给企业以警示。对于这种期望的乘客,一定要积极对待,耐心地听完乘客的批评与建议,抱着"有则改之,无则加勉"的正确态度,适当地对乘客表示感谢。

(2)希望得到当事人的道歉和尊重。乘客投诉有很大一部分是对工作人员服务态度的不满,这种情况下,乘客当然希望自身能得到重视,并希望当事人能给予道歉。在这种情况下,要耐心倾听,即使是乘客有错,也不要想着去理论,避免产生新的不满或进一步加深矛盾。因为乘客既然选择了投诉,就不会觉得是自己的责任。

(3)希望相关人员得到惩罚或惩戒。有时乘客对某位工作人员的服务不满,就会投诉,并希望该工作人员得到惩罚,所以需要向乘客保证企业一定会采取正确的行动,避免将来发生类似的问题。

(4)希望得到赔偿或补偿。乘客想要为自己的损失取得赔偿,也想为耗费的时间、造成的不便或遭受的痛苦得到补偿。对于由我们自身责任而造成的乘客损失,当然要协商赔偿办法,对于不是我们自身责任造成的乘客损失,也不能一味地迁就,要耐心地向乘客解释清楚。

三 真诚道歉

当乘客抱怨或投诉时,无论是否是工作人员的原因,都要诚心地向乘客道歉,并对乘客提出的问题表示感谢。尤其是在工作确实有过失的情况下,更应该马上道歉。如"对不起,给您添麻烦了。"这样,可以让乘客感到自己受到了重视。具体做法见表4-3。

真 诚 道 歉　　　　　　　　　　　表4-3

要	不　要
1.适当地表示歉意。让乘客了解你非常关心他的情况,如"我们非常抱歉听到此事。" 2.道歉要诚恳。如"对不起,耽误您的时间了"	1.认为自己的行为没有错误,拒绝道歉。 2.道歉缺乏诚意,语音语调或肢体语言表现出不乐意或不耐烦

四 协商解决

在听完乘客投诉之后,工作人员首先要了解清楚乘客投诉和抱怨的原因,了解乘客的想法,切忌在没有了解乘客想法之前就自作主张地直接提出解决方案。在协商解决时,不要推卸责任,指责或敷衍乘客。在明白乘客的想法后,首先,要十分有礼貌地告知乘客将要采取的措施,并尽可能让乘客同意。如果乘客不知道或者是不同意这一处理决定,就不要盲目地采取行动。具体做法见表4-4。

协商解决　　　　　　　　　　　　　　　表4-4

要	不 要
1. 平复乘客的不满情绪。如"我很能理解您的想法。" 2. 主动提出建议和解决方法。如果是因为票卡(款)等问题，可以根据乘客的意见和表现出来的意思，结合实际情况，提出解决措施；如果是因为对服务人员的态度不满，则要考虑采取让服务人员本人道歉或由值班站长替代道歉等办法，平息乘客的不满情绪。 3. 耐心地解释地铁的相关规定。 4. 提出解决方案时，应语调平和，态度诚恳，不要再次引起乘客的不满情绪。如"这样处理，您看行吗？""我们这样办，您看合适吗？"	1. 推卸责任、极力辩解。 2. 指责乘客。 3. 敷衍乘客

小贴士

请记住：在协商解决时，不要说"不"。如果你用"我不能"、"我不会"、"我不应该"这样的话语，会让乘客感到你不能帮助他。你可以反过来这样说："我们能为您做的是……"，"我很愿意为您做……"，"我能帮您做……"，这样，乘客的注意力就会集中在可能的解决办法上，你就能创造一个积极正面的解决问题的氛围。

想一想

如果乘客之间发生冲突了，工作人员如何处理？

五 快速采取措施

乘客同意处理意见后，工作人员需要说到做到，而且是马上做到，速度很关键。快速地采取措施就是对乘客最大的尊重。一方面，耽误时间有可能引起乘客的进一步不满；另一方面，耽误时间还有可能引起乘客改变先前已经协商好的解决措施。如果遇到被投诉的员工不在现场的情况，可以采取电话道歉、书面道歉等处理方式。

对于那些不能立即实现的措施，工作人员应坦诚地告诉乘客企业正在办理，并把处理过程中的相关情况及时反馈给乘客，让乘客了解他们的问题正在得到解决。

小贴士

一旦发生投诉必须马上处理。拖延处理乘客的投诉，是导致乘客产生新的抱怨的根源。即使是与车站员工无关的投诉也应代表车站主动承担解决矛盾的责任。

六 感谢乘客

对待乘客的投诉一定要表示感谢,感谢乘客选择我们的服务并发现服务中的不足。因为这些批评指导意见会协助企业提高管理水平和服务质量。具体做法见表4-5。

感谢乘客　　　　　　　　　表4-5

要	不要
1. 对乘客表示感谢。如:"谢谢您的配合"、"非常感谢您的建议"。 2. 必要时送乘客出站,让乘客感到自己受到重视	1. 怠慢乘客,自己先行离开。 2. 让乘客自行离开

4.4 乘客投诉案例分析

一 因业务能力不强而引起的投诉

某日,乘客在某站刷卡后不能正常出站,到售票亭进行票务处理,票务员直接为乘客补了进站记录,并提醒乘客:"您下次进站时,别忘了刷卡。"乘客感到疑惑,到查询机查询后,发现扣了两次款,乘客投诉。

1 投诉原因分析

站务员没有了解清楚事实,只是臆测行事。经查询,当时乘客实际上已刷上出站记录,可能是因为乘客刷卡时走错了闸机通道,或刷卡后未马上通过闸机,而站务员没有查询就直接主观认为乘客没有刷卡进站,导致乘客的票卡二次扣款。

2 投诉处理的技巧

该投诉中,工作人员的服务态度没有明显错误。在处理过程中,需要重点就票务人员的工作失误向乘客道歉,并赔偿乘客的经济损失。

③ 改善及建议

发现票卡无法正常进出站时,票务人员不能主观臆断,应礼貌地先了解原因。在处理车票问题时,工作人员应加强责任心。

二 因乘客不了解地铁规定而引起的投诉

一日,在某车站,工作人员两次看见一名拾荒人员正在地铁内进行拾荒,于是上前制止:"以后不允许到车站进行拾荒。"拾荒人员对该工作人员不满,于是在车站寻衅滋事,声称车站的工作人员砸了他的饭碗,无法再生活下去,反正是死,还不如被列车撞死,然后就坐在站台边缘……

① 投诉原因分析

乘客不了解地铁的相关规章制度,工作人员态度强硬地进行制止,并没有给乘客任何的解释,造成乘客的不满。

② 投诉处理技巧

该案例中,工作人员的工作方式确实存在失误。在处理时,需要向乘客道歉,检讨工作人员不合适的处理方式,同时要向乘客耐心解释地铁里的规章制度,避免再次发生纠纷。

③ 改善和建议

在发现乘客有违规情况后,一定要耐心地向乘客解释地铁的规定,而不是一味地强硬制止。

三 因服务态度不好引起的投诉

某日,客流高峰期,乘客非常多(图4-5),车门即将关闭的提示音已经响起,一位乘客企图冲上车,被一位客运服务人员拦住了(因为客运服务人员觉得很危险,拽了这个乘客一下,可能是弄痛了乘客)。这位乘客非常气愤,直接就骂了句粗话,说:"你以为你是谁啊,你凭什么拉我,弄伤了你负责啊,……"客运服务人员态度也不是很好:"你没看见车门关上了呀,……",两个人争吵了起来……,乘客投诉。

单元 4　乘客投诉处理

图 4-5　乘客上车情景图

1　投诉原因分析

（1）客运服务人员为了乘客的安全阻止乘客上车，这个出发点是对的。但客运服务人员和乘客发生了直接的碰触，这是乘客生气的促发原因。

（2）在乘客怒气冲冲地抱怨时，客运服务人员没有意识到自己做法的不当之处，不仅没有向乘客道歉，反而和乘客争执了起来，使冲突升级。

2　投诉处理技巧

（1）对于由工作人员的态度而引起的乘客投诉，在处理过程中，一定要先照顾到乘客的情感需求和情绪，先向乘客表示歉意："不好意思，……，请原谅。"

（2）在平息了乘客的情绪后，耐心地向乘客解释原因，再次对工作人员的不合适做法向乘客表示歉意，并对乘客的配合表示感谢。

3　改善及建议

（1）在阻止乘客上车时，应尽量避免和乘客发生直接碰触，减少纠纷的发生。

（2）在遇见有乘客说粗话骂人时，不应该给予直接反击，只能提醒乘客，否则只能使冲突升级。

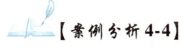【案例分析 4-4】

因工作人员的不作为引起的投诉

一日，某乘客下车后，向站台上正在从事维修工作的人员反映车厢内有乞讨人员乞讨，而工作人员却冷漠地说："我们又没有办法，这不归我管。"引起乘客不满，乘客投诉。

（1）投诉原因分析

乘客所反映的问题确实超出车站维修人员的范围，但在乘客眼中，维修人员也是城市轨道交通的员工，乘客都表示关心的问题，作为员工却说没有办法，这样的回答势必会在乘客心中造成推卸责任的印象。

(2) 投诉处理技巧

由于工作人员的不作为所引起的投诉，在处理过程中，要先向乘客道歉，主动承认我们的工作失误，并向乘客提出的问题表示感谢，并承诺车站一定会积极处理。在该乘客同意的情况下，可以请他留下姓名和联系电话，并告知主管部门会将处理情况反馈给他。

(3) 改善及建议

乘客主动提出意见和建议，实质上是为了改善车站工作，应该虚心接受，热情对待。

【案例分析4-5】

因售票员没有按售票作业程序售票引起的投诉

2010年2月，有一名乘客来到乘客服务中心，认为大概半小时以前售票员少找给他50元钱，售票员在听取情况后，个人认为不会少找钱给乘客，直接就和乘客说："我都售票这么长时间了，不可能出现少找给您钱的情况。"乘客很激动，开始指责售票员，并要求找值班站长投诉……

(1) 投诉原因分析

①售票员在售票过程中，没有严格按照售票作业程序进行售票，导致乘客怀疑售票员少找钱给他，是和乘客发生纠纷的主要原因。

②当乘客回来说少找钱的时候，售票员没有认真做好乘客安抚工作，而是一口咬定自己没有少找钱，导致乘客情绪激动。

(2) 投诉处理技巧

①当乘客认为票款不符时，应耐心地向乘客解释："对不起，我们的票款是当面点清的，请您再确认一下您的票款是否正确，多谢。"

②如果乘客坚持认为少找钱，应先安抚乘客，平息乘客的情绪，然后提出解决方案，请求上报车站控制室进行查账，最终确定乘客的反应是否属实。

③如果属实，需要向乘客道歉，并退还少找的钱款；如果不属实，应该耐心地向乘客解释，做好安抚工作："对不起，经我们查实，我们的票款没有差错，请您谅解。"如果乘客为难工作人员，可以请求公安的配合。

(3) 改善与建议

售票员应该严格按照标准售票作业程序操作，并提醒乘客当面点清票款。

【案例分析 4-6】

因客运服务人员主观臆断引起的投诉

2010年1月，有两位乘客持同一张公交一卡通进站，当一名乘客刷卡进站后，把一卡通给了同行的人，另外一名乘客无法刷卡进站，因客流量较多，该站票务员没有问清原因，直接对一卡通进行了进站更新，另外一名乘客也顺利进站，但出站时被客运服务人员发现，要求其补票。乘客不满意，认为已经刷过两次并扣完钱了，坚持不肯补票，客运服务人员则主观臆断他们违规使用车票，故意逃票，发生争执。

（1）投诉原因分析

①票务员帮助乘客更新车票时没有了解和确认原因，造成一票多人进站，给后来纠纷的发生埋下了种子。

②乘客不清楚票务政策，认为已经扣过两次钱，导致乘客和客运服务人员发生争执。

③客运服务人员主观意识过强，认为是乘客故意逃票，导致乘客和客运服务人员的纠纷升级。

（2）投诉处理技巧

①发现情况后，客运服务人员不能主观臆断，应该礼貌地先了解原因。

②对票务员的工作失误向乘客表示抱歉，并向乘客做好票务政策的解释，注意在和乘客沟通的过程中应耐心地使用礼貌用语。

③如果乘客同意补票，客运服务人员应向乘客表示感谢。如："谢谢您的理解和配合。"

（3）改善与建议

员工在处理乘客车票时，应加强工作的责任心。当乘客持一卡通无法进站时，应先向乘客确认是否是一票多人进站。

复习与思考

一、简答题

1．什么是乘客投诉？产生乘客投诉的原因有哪些？

2．简述处理乘客投诉的基本原则。

3．简述处理乘客投诉的常用技巧。

二、案例分析

某日,一名男性乘客拿着伤残军人证换福利票,经售票员辨认是伪造证件,售票员丝毫没有顾及乘客面子,大声指出该证件是伪造的,不同意为其换取福利票,乘客觉得没有面子,开口就骂"×××××,我的证件没有问题,……"和售票员吵了起来,影响了售票员对后面乘客的服务,一分钟之后,站务员请求值班站长协助处理,乘客边骂边离开了车站。

思考:

(1)在该案例中,售票员哪些地方做得不合适呢?

(2)乘客和售票员争吵的主要原因是什么?如何避免该乘客再次利用伪证?

(3)如果你是售票员,你会如何处理?

三、角色扮演(分组完成)

1. 根据地铁实际情况,举出一个发生乘客纠纷的事件。

2. 研讨事件处理的经过。

3. 完成下列表格。组员分角色扮演值班站长、站务员、乘客等角色,并分组表演。

1	日期:		时间:
2	参与者		
	姓名		扮演角色
3	演练情景		

单元 5

城市轨道交通服务质量评价

 教学目标

1. 掌握城市轨道交通服务质量评价指标；
2. 了解城市轨道交通服务质量评价模型；
3. 掌握城市轨道交通服务质量评价方法。

 建议学时

6 学时

城市轨道交通服务质量评价就是通过定性或定量的方法,了解乘客对服务水平的期望,并将其与已提供的服务水平进行比较,找出其中的差距,为进一步提高服务质量奠定基础。服务质量评价的最终目的是在追求乘客满意和忠诚的同时减少服务差错和弥补服务缺陷。

5.1 城市轨道交通服务质量概述

一 城市轨道交通服务质量的定义

服务质量的概念是从有形产品的质量概念引进而来。由于服务的抽象性、差异性和不可分离性等特性,使服务质量的概念和有形产品的质量概念在内涵上有很大的不同。

Lewis 和 Booms(1993)认为"服务质量是一种衡量企业服务水平能够满足顾客期望程度的工具"。A·佩恩(1993)认为"服务质量是关于整个机构满足或超过顾客期望的能力"。G·佩里切利(1999)认为"服务质量是符合或超过顾客的预期"。此外,美国 SPI 的 PIMS 的研究也采用了这种服务质量的定义。按照该定义,如果顾客对服务的感知水平符合或高于其预期水平,则认为该企业具有较高的服务质量;反之,则服务质量较低。

《城市轨道交通客运服务》(GB/T 22486—2009)中,服务质量定义为:服务组织为乘客所提供服务的程度。

二 城市轨道交通服务质量的内容

(1)运输效率。包括平均乘车距离、服务范围、发车频率、运力、乘坐适合性(如对儿童、老人等)和可靠性等。

(2)换乘服务。包括步行、自行车、小汽车等交通方式之间的方便换乘,公共交通之间的换乘,轨道交通内部的换乘等。

(3)信息服务。包括一般信息(如运行时间、线路图、时刻表、动态提示信息、安全信息等),必要信息(如可达性、标识标志、票务),非正常状态信息(如事故、故障、事件信息等),以及信息交流(如投诉和建议)等。客运服务信息应说明信息来源,并向乘客提供有效性、可靠性、及时性的信息。

(4) 时间效率。包括运行时间、行车守时性和准时性、平均候车时间、平均换乘时间。

(5) 服务设施。包括服务设施舒适性、环境条件、补充服务设施(卫生间、通信设施、食品亭、商业和娱乐设施)等。

(6) 治安与安全。包括治安设备、事故预防、紧急情况预案和紧急响应等。

(7) 运营环境。包括通风、振动与噪声、尘土和垃圾、气味、视觉、电磁辐射与干扰等。

(8) 乘客关怀。包括向乘客提供适宜或舒适的候车和乘车环境;残疾人、儿童、老年人、体能障碍者使用的设施设备;询问、投诉和赔偿服务;相应的环境信息、客流信息,对乘客拥有的(乘车、购票等)选择权等进行规定。还包括对长距离通勤乘客的候车、乘车舒适性,对骑自行车乘客的乘车和换乘进行规定,充分考虑和关心不同乘客的需要;服务人员精神面貌、服务技能和态度以及服务灵活性等。

(9) 企业服务承诺。轨道交通客运服务机构应就其服务向乘客作出承诺,并通过多种方式向乘客和社会公布。出现意外情况或因某种需要,引起服务内容变化或服务质量提高或降低时,要采用服务声明向乘客公示或向社会公布。

三 城市轨道交通服务质量的评价体系

虽然各城市轨道交通建设和管理的情况各异,但提高乘客服务水平、打造城市轨道交通的优质服务品牌是各运营企业的共同目标。城市轨道交通服务水平评价体系如图 5-1 所示。

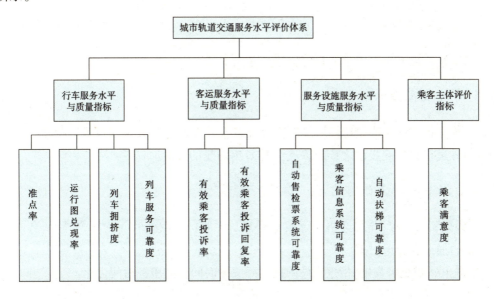

图 5-1 城市轨道交通服务水平评价体系

在图 5-1 所示评价体系中,各指标含义如下。

1 准点率

准点率为准点列车次数与全部开行列车次数之比,用以表示运营列车按规定时间准点运行的程度。凡按运行图图定的时间运行,早晚不超过规定时间界限的为准点列车,准点的时间界限指终点到站时间误差小于或等于 2 分钟的列车(市域快速轨道交通系统除外);市域快速轨道交通系统准点的时间界限指终点到站时间误差小于或等于 3 分钟的列车。

2 列车运行图兑现率

列车运行图兑现率指实际开行列车数与运行图图定开行列车数之比。实际开行列车数中不包括临时加开的列车数。

3 列车拥挤度

列车拥挤度指线路高峰小时平均断面客运量与线路实际运输能力之比,线路实际运输能力为列车定员和线路高峰小时发车量的乘积。

4 列车服务可靠度

列车服务可靠度指列车行走多少公里才遇到一次 5 分钟或以上的延误,数值越大,表明可靠性越高。

5 有效乘客投诉率

有效乘客投诉率指有效乘客投诉次数与客运量之比。

6 有效乘客投诉回复率

有效乘客投诉回复率指已经回复的有效乘客投诉次数与有效乘客投诉次数之比。有效乘客投诉是指在接到投诉之日起,7 个工作日内回复的投诉。

7 自动售检票系统可靠度

(1)售票机可靠度,指售票机实际服务时间与售票机应服务时间之比,实际服务时间包括正常的加票和加币时间。

(2)进出站闸机可靠度,指进出站闸机实际服务时间与应服务时间之比。

8 自动扶梯可靠度

自动扶梯可靠度指自动扶梯实际服务时间与应服务时间之比。

9 乘客信息系统可靠度

(1)车站乘客信息系统可靠度,指车站乘客信息系统实际服务时间与应服务时间之比。

(2)列车乘客信息系统可靠度,指列车乘客信息系统实际服务时间与应服务时间之比。

知识链接

某地铁运营公司客运服务质量目标

(1)安全可靠

①正点运送的乘客占乘客总量的百分比达到99.7%。

②两次事故间平均列车车公里大于2 000千车公里。

③因事故造成的死亡事件发生频率为零。

(2)高效便捷

①列车运行图兑现率(列车服务供应)达到99.92%。

②列车服务正点率按照列车偏离运行图在正负1分钟以内为正点,按此标准计算达到99.5%。

③列车平均旅行速度不低于33km/h。

④运营时间不低于《××市地铁运营有限公司运营服务质量标准》的要求。

⑤列车发车间隔符合《××市地铁运营有限公司运营服务质量标准》的要求。

⑥列车运行掉线率小于0.3次/万组公里。

(3)功能完善

①售票、增值可靠度达到99.83%。

②闸机出入口可靠度达到99.9%。

③电梯可靠度达到99.9%。

④客运标志完好率达到98%。

⑤广播可靠度达到99.9%。

⑥时钟可靠度达到99.9%。

⑦无障碍设施可靠度达到99.9%。

⑧车站环境、服务设施执行地铁公司《服务质量标准》,兑现率达到100%。

⑨站、车公共区域卫生清洁度执行地铁公司《服务质量标准》,兑现率达到100%。

⑩紧急报警装置完好率达到100%。

⑪广告装置完好率达到100%。

(4) 低耗环保

① 每车公里耗电量平均值不超过 215 度/百车公里。

② 每人公里用水量，空调线路不超过 0.73 吨/万人公里。

(5) 文明舒心

① 员工服务态度、服务语言及仪表执行地铁《服务质量标准》，兑现率达到 100%。

② 乘客有效投诉率小于 0.1 次/百万人次。

(6) 知名品牌

① 乘客满意率达到 90%。

② 政府评价达到 90%。

③ 媒体负面报道小于 0.06 起/百万人次。

④ 媒体评价率达到 80%。

5.2 城市轨道交通服务质量评价模型与方法

一、城市轨道交通服务质量评价的分类

按照评价的主体，城市轨道交通服务质量评价可分为政府评价、社会评价、企业评价和乘客评价。

1 政府评价

政府评价主要针对城市轨道交通企业的管理及运营，侧重于企业所提供的服务水平，并对企业的等级进行划分。

2 社会评价

社会评价主要侧重于企业所树立的社会形象和整体服务水平的辨识及评估，评价主体包括各类社会群体，如乘客、社会媒体、行业管理机构等。

3 企业评价

企业评价主要是通过员工调查评价企业的内部服务质量,显示内部规章制度对服务质量的控制能力。

4 乘客评价

乘客评价是乘客根据实际的交通服务消费体验对城市轨道交通服务质量进行综合评价,其中最具影响力的是乘客满意度评价,对服务质量的改进更具有针对性。

二、城市轨道交通服务质量评价模型

服务质量评价模型实际上是对服务质量定量化描述的成果。1982 年,芬兰的格罗鲁斯首次提出了可感知服务质量的概念,并得到理论界的广泛认可。随后,学者们在此基础上纷纷展开了对服务质量测量的研究,也产生了各式各样的评价模型。

1 可感知服务质量模型

格罗鲁斯指出服务质量具有两个基本构成要素:技术质量和功能质量,另外还包括对顾客服务质量具有过滤器作用的企业形象质量。

技术质量指乘客在服务过程中实际得到的东西,又称为结果质量。例如乘客通过运输服务得到了"位移"。由于技术质量对很多人来说有较为统一的标准,所以容易评价。功能质量是指顾客是如何得到服务的,具体表现为在服务接触的过程中,服务人员的工作方式、工作效率、工作态度等给顾客带来的利益和享受。例如乘客在服务体验过程中得到身心的愉悦。由于功能质量完全取决于顾客的主观感受,与顾客自身的习惯、个性有关,不同的顾客对同一服务的评价可能是不同的,因此难以进行量化。技术质量和功能质量构成了顾客感知服务质量的基本内容。

格罗鲁斯在服务质量的理论模型中还提出企业形象对服务质量的影响。企业形象质量是指企业在社会公众心目中的总体印象,它不仅影响顾客的服务期望,也影响顾客的服务感知。形象质量是顾客感知服务质量的"过滤器",而顾客感知的服务质量反过来又决定着企业的形象质量。

格罗鲁斯的可感知服务质量模型如图 5-2 所示。

2 差距分析模型

格罗鲁斯认为服务质量是存在于顾客头脑中的主观印象,主要取决于顾客对此服务的期望质量(接受服务前对服务水平的期望)与其感知质量(接受服务时实际感知到的服务水平)的差距,即服务质量(SQ)=服务感知(P) - 服务期望(E)。格罗鲁斯的服务质量差异评价模型如图 5-3 所示。

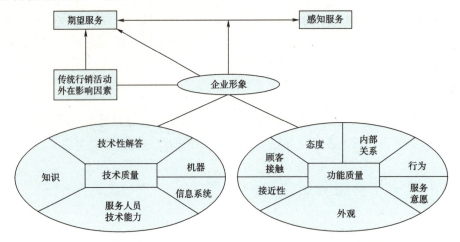

图 5-2 格罗鲁斯的顾客感知服务质量模型

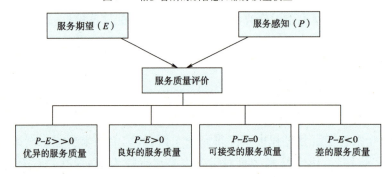

图 5-3 格罗鲁斯的服务质量差异评价模型

当服务感知远远大于服务期望时,乘客认为服务质量是优异的;当服务感知大于服务期望时,则乘客认为服务质量是良好的;当两者基本相等,服务质量是可接受的;当服务感知小于服务期望,服务质量就是差的。这个差异评价模型得到了绝大多数学者的赞同,奠定了服务质量研究的基础。

在格罗鲁斯研究的基础上,学者们对该模型进行了多次改进。1990 年帕拉苏拉受和其同事齐赛尔、贝利建立了服务质量差距分析模型,又称 PZB 服务质量模型,如图 5-4 所示。

服务质量差距分析模型主要解决了两个方面的问题:

(1)模型描述了服务质量是如何形成的。结合城市轨道交通服务,模型的上半部分包括了与乘客有关的内容,下半部分展示了与服务提供者即城市轨道交通企业有关的内容。

(2)模型分析了服务质量评价时需要考虑的环节,并可以探明产生质量问题的根源。

该模型中顾客的服务期望与服务感知间的差距为差距 5,被称为是最终的差距,它受到其他四个差距的影响,是其他四个差距累积的结果。五项质量差距分别是:

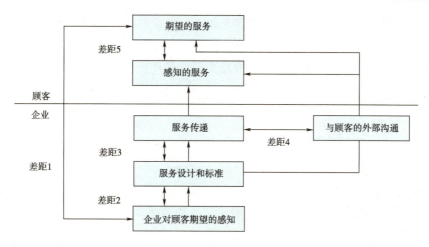

图 5-4　服务质量差距分析模型

差距 1——管理者认识的差距。管理者认识的差距是指顾客对服务质量的期望与管理者对顾客期望的理解存在着差异。不能准确收集信息、不能精确地理解顾客的期望、信息传递失真和缺乏需求分析等都可能导致这一差距的产生。

差距 2——质量标准的差距。质量标准的差距是指管理人员确定的服务质量标准与其对顾客期望的理解存在着差异。服务质量设计和管理存在缺陷就可能产生这个差距。

差距 3——服务交易差距。服务交易差距是指管理人员确定的服务质量标准与服务人员实际提供的服务存在着差异。这一差距主要体现为一线员工的行为与质量标准不符。服务质量标准制定不合理或服务操作工作管理不善都可能引发这一差距。

差距 4——营销沟通的差距。营销沟通的差距是指服务人员实际提供的服务与企业作出的服务承诺存在着差异。缺乏对企业内部能力的准确度量和夸大宣传都可能产生这一差距。

差距 5——感知服务质量差距。感知服务质量差距是指当顾客消费结束后,将期望质量与实际感受质量进行比较而产生的差距,这一差距将最终决定顾客的全面感知质量。顾客体验到的服务质量低于其期望的服务质量、服务失败或者服务提供者口碑较差都可能产生这一差距。

服务质量差距分析模型不仅有助于企业管理者发现引发服务质量问题的根源,而且有利于寻找适当的措施消除差距。

三　城市轨道交通服务质量评价方法

有效实用的评价方法是服务质量评价的关键和难点。尽管众多学者花费了大量精力对服务质量测量方法进行研究并取得了很多成果,但在服务质量评价实践中,其方法和手段仍很落后。

按照评价标准来分,城市轨道交通服务质量评价方法主要包括两类,即软性评价和硬性测评。软性评价是指城市轨道交通运营企业通过调查乘客、员工和其他人员(如管理人员)对服务质量的主观评价方法。硬性评价是指城市轨道交通运营企业通过各种客观指标(例如硬件设施配置)来衡量服务过程和结果的质量评价方法。

软性评价中常用的方法主要有 SERVQUAL 方法和步行穿越调查法。

❶ SERVQUAL 方法

SERVQUAL 是 Service Quality(服务质量)的缩写,是衡量顾客对服务质量感知的有效工具。SERVQUAL 方法使用的基础模型是格罗鲁斯 1982 年提出的可感知服务质量模型和服务质量差异评价模型。评价方法完全建立在顾客感知的基础之上,即以顾客的主观认识来衡量服务质量。首先度量顾客对服务的期望,然后度量顾客对服务的感知,根据顾客对服务的感知与期望的差异比较,得出企业的服务质量,将其作为判断服务质量水平的依据。

SERVQUAL 将服务质量分为以下 5 层面。

①有形性(Tangibles)。外观感受,包括实际设施、设备以及服务人员的外表等。

②可靠性(Reliability)。是可靠地、准确地履行服务承诺的能力。

③响应性(Responsiveness)。也称回应性,指帮助顾客并迅速提高服务水平的愿望。

④保障性(Assurance)。也称确实性,是指员工所具有的知识、礼节以及表达出自信与可信的能力。

⑤移情性(Empathy)。也称关怀性,关心并为顾客提供个性化服务。

每一层面又被细分为若干个问题,通过调查问卷的方式,让顾客对每个方面的期望值、实际感知值及最低可接受值进行评分,由其确定出相关的 22 个具体因素来说明。然后综合计算得出服务质量的分数。

(1)SERVQUAL 量表

SERVQUAL 量表(表 5-1)包括两个部分。第一部分包含 22 个小项目,记录了顾客对特定服务行业中优秀公司的期望。第二部分也包括 22 个项目,它度量消费者对这一行业中特定公司(即被评价的公司)的感知。顾客期望和感知问卷采用 7 分制,7 表示完全同意,1 表示完全不同意。然后把这两部分中得到的结果进行比较,就得到 5 个维度的每一个"差距分值",SERVQUAL 从分数 = 实际感受分数 − 期望分数进行分析并得出:差距越小,服务质量的评价就越高;差距越大,服务质量的评价越低。

SERVQUAL 量表　　　　　　　表 5-1

要素	组成项目
有形性	有现代化的服务设施; 服务设施具有吸引力; 员工有整洁的服装和外表; 公司的设施与他们所提供的服务相匹配

续上表

要　素	组　成　项　目
可靠性	公司向顾客承诺的事情都能及时地完成； 顾客遇到困难时，能表现出关心并提供帮助； 公司是可靠的； 能准时地提供所承诺的服务； 正确记录相关的服务
响应性	能告诉顾客提供服务的准确时间； 提供及时的服务； 员工非常愿意帮助顾客； 员工能满足顾客的需求
保证性	员工是值得信赖的； 在从事交易时顾客会感到放心； 员工是有礼貌的； 员工可从公司得到适当的支持，以提供更好的服务
移情性	公司会针对不同的顾客提供个别的服务； 员工会给予顾客个别的关怀； 员工了解顾客的需求； 公司优先考虑顾客的利益； 公司提供的服务时间能符合所有顾客的需求

不同行业中，5个维度的重要性存在差异，但排序基本一致。在具体行业的应用当中，必须对该量表进行修正并重新验证其有效性，这包括增加和删减某些问项或维度来全面与真实地反映所研究的行业领域，以使量表适应不同的行业环境、服务环境和文化背景。

例如，某城市轨道交通运营企业根据其服务产品的质量特性或标准，在安全性、可靠性、舒适性、经济性、便捷性的每一种质量属性下面设计相关具体因素，其量表见表5-2。

某城市轨道交通运营企业的服务质量SERVQUAL量表　　　　表5-2

要　素	组　成　项　目	期望值(E)	感知值(P)
安全性	1. 进出站秩序状况 X_1		
	2. 站台候车秩序状况 X_2		
	3. 上下车秩序状况 X_3		
	4. 车厢秩序状况 X_4		
	5. 安全服务设施标示及使用说明等 X_5		
	6. 紧急疏散标识清楚醒目 X_6		
可靠性	7. 进出站闸机可靠 X_7		
	8. 导乘标识信息准确 X_8		
	9. 报站准确及时 X_9		
	10. 列车准点运行 X_{10}		

续上表

要 素	组 成 项 目	期望值(E)	感知值(P)
经济性	11. 票价合理 X_{11}		
	12. 票种多样 X_{12}		
便捷性	13. 购票时间短 X_{13}		
	14. 进出站时间短 X_{14}		
	15. 列车可达性强 X_{15}		
	16. 列车发车间隔合理 X_{16}		
	17. 列车运行速度快 X_{17}		
舒适性	18. 列车运行平稳 X_{18}		
	19. 车厢拥挤度低 X_{19}		
	20. 车站及车厢环境整洁 X_{20}		
	21. 工作人员响应乘客要求 X_{21}		
	22. 设置便民设施 X_{22}		

问卷调查的内容包括城市轨道交通服务质量的 5 个属性(维度)及与之相关的 22 个因素,每个因素又有期望值和感知值两个调查项。可在车站站台用随机抽样的方法,抽取一定数目的乘客,请他们对各项因素按自己的期望打分,得到各个 E_i 值;按自身感受打分,得到各个 P_i 值。问卷采用 7 分制,7 表示完全同意,1 表示完全不同意。中间分数表示不同的程度。

(2) SERVQUAL 计算过程

首先要根据针对具体情况设计的量表,发放调查问卷,乘客打分并综合计算得出服务质量的分数,具体计算公式如下:

$$SQ_{单} = \sum_{i=1}^{n}(P_i - E_i) \tag{5-1}$$

式中:$SQ_{单}$——感知服务质量;

P_i——对乘客第 i 个因素的感知分数,$i=1,2,\cdots,22$;

E_i——对乘客第 i 个因素的期望分数。

由式(5-1)获得的 $SQ_{单}$ 是在 5 个属性同等重要条件下单个顾客的总感知质量,但在现实生活中乘客对决定服务质量的每个属性重要性的看法是不同的。因此,在调查后,应确定每个服务质量属性的权重,通过加权平均可以得出更为合理的 SERVQUAL 分数。公式为:

$$SQ_{总} = \sum_{j=1}^{5}\left[w_j \sum_{i=1}^{n}(P_i - E_i)\right] \tag{5-2}$$

式中:w_j——第 j 个属性的权重。

最后,将调查中所有乘客的 SERVQUAL 分数加总,再除以乘客数目 m,就得到某企业该项服务产品平均的 SERVQUAL 分数,即

$$SQ = \frac{1}{m}\sum_{i=1}^{m} SQ_i \qquad (5\text{-}3)$$

式中：SQ——感知服务质量；

m——被调查乘客的人数。

2 步行穿越调查法

步行穿越调查法是从顾客的角度出发，通过评价顾客在整个服务过程中经历的各个环节来测评服务质量的方法。步行穿越调查法的具体步骤如下：

（1）绘制顾客消费的流程图。以城市轨道交通为例，步行穿越调查的整个过程包括：乘客通过站外引导标识进入车站→安检→进入站厅→购票→检票→上站台→候车→上车→乘车→下车→到站台→通过出站闸机→从出站口离开。

（2）按照流程图，列出顾客所能接触的各个要素，包括环境、设备、消费品、服务人员、其他顾客等内容，并设计形成调查问卷（表5-3）。

某城市轨道交通运营企业针对某车站进行的步行穿越调查问卷　　　表5-3

服务阶段	服务项目	强烈反对	反对	无法判断	赞同	完全赞同
进站	1. 容易看到站外引导标识 X_1					
	2. 站外引导标识清楚准确 X_2					
	3. 车站入口标识醒目 X_3					
	4. 安检顺畅 X_4					
	5. 进入站厅过程顺利通畅 X_5					
	6. 问询服务周到规范 X_6					
	7. 购票便捷 X_7					
	8. 检票过程通畅，无延误 X_8					
候车	9. 进入站台路径清晰 X_9					
	10. 站台信息标识明确 X_{10}					
	11. 候车时间较短 X_{11}					
	12. 上车过程不拥挤 X_{12}					
乘车	13. 车厢内整洁无异味 X_{13}					
	14. 车厢温度适宜 X_{14}					
	15. 车厢广播音量适中 X_{15}					
	16. 报站清楚准确 X_{16}					
	17. 车厢内路线图醒目 X_{17}					
	18. 座位及扶手设置合理 X_{18}					

续上表

服务阶段	服务项目	强烈反对	反对	无法判断	赞同	完全赞同
下车及出站	19. 下车有序,先下后上 X_{19}					
	20. 出站或换乘标识醒目 X_{20}					
	21. 出站或换乘路程短 X_{21}					
	22. 出站口信息准确清楚 X_{22}					
	23. 验票出站方便、快捷 X_{23}					
评价	24. 服务总体来说很优秀 X_{24}					
	25. 服务还有较大的改进空间 X_{25}					
	26. 工作人员态度热情 X_{26}					

注:针对每一服务项目的说法,在强烈反对、反对、无法判断、赞同、完全赞同处画"√"。

(3)发放问卷,由顾客填写消费过程中对每一个服务项目的评判。

(4)对有效问卷进行统计分析,找出顾客满意与不满意之处,并分析其原因。

第一步,计算管理者、服务人员和乘客对各服务项目的评价值。

城市轨道交通运营企业管理者、服务人员和乘客分别填写问卷后,使用5点量法来测量乘客的感知:从1代表完全赞同,到5代表强烈反对。

评价方法:问卷数据可以初步评价乘客(管理者、服务人员)对每一服务项目的感知程度。每一项目得分取样本的均值,即可认为是乘客(管理者、服务人员)对此项目的感知值,公式如下:

$$\overline{X_i^k} = \frac{\sum_{j=1}^{n^k} X_{ij}^k}{n^k} \tag{5-4}$$

式中:$\overline{X_i^k}$——第 k 类评价者对第 i 项服务项目的平均感知值,$i = 1,2,\cdots,26$;$k = 1,2,3$,其中,$k=1$ 代表乘客,$k=2$ 代表管理者,$k=3$ 代表服务人员;

X_{ij}^k——第 k 类评价者中第 j 位对第 i 项服务项目的感知值,$j = 1,2,\cdots,n^k$;n^k 为第 i 服务项目的 k 类评价者参评人数。

数值小表示对该服务项目的认同程度高;数值大表示对服务项目的否定程度大。当乘客(管理者、服务人员)感知值无小于3.5的服务项目,则认为是乘客(管理者、服务人员)对此项目持较大的否定态度;乘客(管理者、服务人员)感知值 $\overline{X_i^k}$ 小于2,表示对此项目持较认同的态度。

第二步,计算各服务项目评价差距。

城市轨道交通运营企业针对各项服务项目的评价差距,即管理者、服务人员、乘客对某项服务内容评价的差距,包括管理者与乘客之间、管理者与服务人员之间、服务人员与乘客之间的评价差距。差距越大表示二者之间评价相关差异越大,反之评价相关一致性越好。对调查数据分析取值的绝对值大于义 $c_i^{k-k'}$(评价差值)的服务项目,可以认为是双方感知有较大差距的项目,按"客户至上"的原则,对这些服务项目需重点关注并改进,以进一步完善服务。

$$c_i^{k-k'} = |\overline{X_i^k} - \overline{X_i^{k'}}| \tag{5-5}$$

式中：$c_i^{k-k'}$——管理者、服务人员或乘客针对第 i 项服务内容评价差值；

$\overline{X_i^k} - \overline{X_i^{k'}}$——管理者、服务人员或乘客对第 i 项服务内容的平均感知评价；

k, k'——分别为管理者、服务人员或乘客，$k \neq k'$。

当 $c_i^{k-k'} \leq c_i$ 时,两类评价者之间的差距较小,相关一致性较好；$c_i^{k-k'} > c_i$ 时,两类评价者之间评价相关差异较大,需要根据具体情况改进服务质量。

(5)按照对顾客意见的调查分析结论,对企业的实际情况进行纠偏、改进。

步行穿越调查能够提供顾客所期望的服务信息,通过其提供的涉及语言的、环境的、感知的及服务提示的信息,企业能够更好地定义面向顾客的服务和提高顾客的忠诚度。

5.3 城市轨道交通客运服务质量评价实例

一、某城市轨道交通运营公司服务质量评价

1 评价方法

通过 SERVQUAL 评价方法,在 SERVQUAL 量表五个要素的基础上,增加方便和安全两个要素,并对每个要素的概念和内涵进行界定,编制服务调查问卷,通过实地调查方法收集数据,分析评估运营企业服务质量、乘客满意度及现有需求等,并在此基础上提出相应的改善措施。

(1)需调查的基本信息。包括出行目的,乘坐地铁的原因,月均乘坐地铁次数,出行交通方式、月平均交通费用,对地铁服务的总体印象等。

(2)编制地铁服务质量调查问卷。基于依据 PZB 理论编制衡量服务品质的 SERVQUAL 量表,从服务设施、列车运行、车站与列车环境、人员服务等方面综合考察期望和

感知到的可靠性、反应性、把握性、有形性、方便性、安全性六个因素,形成由 19 个题目组成的地铁服务质量调查问卷。

(3) 被测试者的人口资料。调查乘客的性别、年龄、是否为常住人口、职业、月收入等资料。

2 问卷测试对象

选择城区主要线路、客流量较大且有显著问题的两个枢纽站,采用随机取样的方法选择测试对象,不考虑测试对象的性别、年龄、职业、收入水平等差异。

在三天时间内,分别在非高峰期(下午 2:00~4:00)和高峰期(下午 4:00~6:00)发放问卷。两车站分别收回 102 份和 95 份,其中有效问卷分别为 70 份和 82 份。

人口学资料调查的结果表明:乘坐地铁的男女比例均衡;年龄 40 岁以下占 88.7%,其中 21~30 岁的人占 60.5%;90.7% 的测试者为常住人口;月收入分布则相对均衡。

3 地铁服务质量调查结果

分别对 19 个题目项、总体的期望、感知服务质量以及满意度进行描述统计和配对检验(即差异显著性检验)。结果表明:每个题目项和总体的期望服务质量均分均在 5.7 以上,感知服务质量均在 4.6 以上,且两者均存在显著差异;每个题目项的期望与感知差距均值均在 0.32 以上,这说明 ES 大于且显著大于 PS,表明乘客对地铁服务质量不太满意,尤其是在地铁线路的合理设计、乘客疏导(例如疏导设施、人工疏导)、服务人员的服务主动性、服务人员处理乘客投诉的态度和投诉后的处理速度等方面。这表明,地铁服务机构仍然需要针对这些具体条目提出相应的改善措施。测试的具体结果见表 5-4。

××地铁期望和感知服务质量以及满意度的基本情况　　　表 5-4

序号	题目项	期望服务质量		感知到的服务质量		差异	期望与感知的差距	
		所得测试值	均值	所得测试值	均值	t,p	所得测试值	均值
1	地铁线路设计合理、换乘方便	1~7	6.30±1.07	1~7	4.80±1.47	10.94, <0.001	-3~6	1.50±1.70
2	投诉后的处理速度	1~7	6.10±1.02	1~7	4.71±1.04	14.90, <0.001	-3~6	1.39±1.56
3	服务人员处理乘客投诉的态度	1~7	5.98±1.06	1~7	4.85±1.47	11.82, <0.001	-2~6	1.13±1.18
4	服务人员的服务主动性	1~7	5.79±1.14	1~7	4.67±1.35	9.71, <0.001	-3~6	1.12±1.43
5	乘客的疏导	1~7	6.08±1.13	1~7	5.03±1.27	8.81, <0.001	-3~6	1.04±1.47
6	售卡、充值容易	1~7	6.09±1.15	1~7	5.13±1.40	7.70, <0.001	-3~6	0.97±1.56
7	车站与车厢内的通风	4~7	6.28±0.90	1~7	5.33±1.23	8.32, <0.001	-2~6	0.95±1.41
8	车站与列车卫生	2~7	6.27±0.94	1~7	5.36±1.30	8.58, <0.001	-3~5	0.91±1.31
9	服务人员的服务态度	3~7	6.03±1.01	2~7	5.14±1.27	8.56, <0.001	-3~5	0.89±1.29

续上表

序号	题目项	期望服务质量		感知到的服务质量		差异	期望与感知的差距	
		所得测试值	均值	所得测试值	均值	t, p	所得测试值	均值
10	容易得到列车时刻信息	1～7	5.64±1.37	1～7	4.76±1.47	8.25, <0.001	-3～4	0.87±1.31
11	引导标志正确	2～7	6.25±1.06	1～7	5.43±1.29	8.23, <0.001	-3～5	0.83±1.25
12	服务人员及时通知列车晚点或紧急事件	1～7	6.17±1.04	1～7	5.34±1.25	7.63, <0.001	-3～6	0.83±1.34
13	服务人员能够准确回答询问	3～7	6.14±0.91	1～7	5.42±1.12	7.48, <0.001	-2～6	0.72±1.20
14	首末车时间合理	3～7	6.26±0.91	1～7	5.57±1.27	6.95, <0.001	-3～5	0.69±1.23
15	服务人员能够及时回答询问	3～7	6.12±0.97	1～7	5.43±1.22	6.95, <0.001	-3～5	0.69±1.22
16	服务人员的着装及精神面貌	2～7	5.80±1.13	2～7	5.16±1.26	6.98, <0.001	-2～5	0.66±1.17
17	乘坐安全	3～7	6.47±0.79	2～7	5.89±1.10	7.02, <0.001	-2～4	0.58±1.03
18	列车间隔合理,到站时间可靠	3～7	6.41±0.79	3～7	5.86±1.00	6.66, <0.001	-3～4	0.54±1.01
19	广播提示	3～7	6.18±0.97	2～7	5.86±1.07	3.68, <0.001	-3～4	0.32±1.08

注:①所得测试值越大,表示乘客越满意;

②P 为差异是否显著的指标,$P<0.05$ 表示差异显著,$P<0.001$ 表示差异及其显著。

二 某城市轨道交通运营企业服务质量乘客满意度调查问卷

尊敬的女士/先生:

您好! ××地铁为了更好地为您服务,通过本次不记名调查了解您对地铁服务的满意情况,请您根据下表的相关信息,在认可的选项处划"√"。

1 综合评价

请您根据××地铁服务的总体印象,为地铁的综合服务打分(满分100)。

2 对服务项目评价(表5-5)

服务项目评价表　　表5-5

类别	服务项目	很满意	比较满意	一般	不太满意	非常不满意
服务设施	1. 车站坐椅	5	4	3	2	1
	2. 车站广播	5	4	3	2	1
	3. 列车广播	5	4	3	2	1
	4. 便民设施(公用电话、ATM、报刊销售等)	5	4	3	2	1
	5. 卫生间设施设备	5	4	3	2	1

续上表

类　别	服　务　项　目	很满意	比较满意	一般	不太满意	非常不满意
服务设施	6. 交通一卡通信息查询	5	4	3	2	1
	7. 导向标志(进出站、乘车等)	5	4	3	2	1
	8. 自动售票	5	4	3	2	1
	9. 自动检票	5	4	3	2	1
	10. 自动扶梯运转状况	5	4	3	2	1
	11. 车内扶手杆、拉环的设置	5	4	3	2	1
	12. 盲道和其他无障碍设施	5	4	3	2	1
	13. 车站地面、墙面平整完好情况	5	4	3	2	1
列车运行	14. 首末车时间	5	4	3	2	1
	15. 列车运行速度	5	4	3	2	1
	16. 列车运行准点情况	5	4	3	2	1
	17. 列车间隔时间	5	4	3	2	1
安全保障	18. 行车安全	5	4	3	2	1
	19. 上下车秩序	5	4	3	2	1
	20. 上下车组织疏导	5	4	3	2	1
	21. 出入口进出站秩序	5	4	3	2	1
	22. 安全乘车宣传(报警、处置、逃生方法等)	5	4	3	2	1
	23. 列车关门前提示(提示铃、提示音)	5	4	3	2	1
	24. 列车运行平稳度	5	4	3	2	1
应急服务	25. 紧急情况下的车站广播	5	4	3	2	1
	26. 紧急情况下的列车广播	5	4	3	2	1
	27. 紧急情况下的站务员的引导与信息提供	5	4	3	2	1
车站环境	28. 车站设备噪声量	5	4	3	2	1
	29. 车站卫生	5	4	3	2	1
	30. 车站通风	5	4	3	2	1
	31. 车站温度	5	4	3	2	1
	32. 车站照明	5	4	3	2	1
	33. 卫生间卫生	5	4	3	2	1
	34. 垃圾箱的数量和位置	5	4	3	2	1
	35. 车站广告数量	5	4	3	2	1
车厢环境	36. 列车运行噪声量	5	4	3	2	1
	37. 车厢内卫生	5	4	3	2	1
	38. 车厢内温度	5	4	3	2	1
	39. 车厢内通风	5	4	3	2	1
	40. 车厢照明	5	4	3	2	1
	41. 列车广告数量	5	4	3	2	1
人员服务	42. 服务人员的着装及精神面貌	5	4	3	2	1
	43. 服务人员的行为举止	5	4	3	2	1
	44. 服务人员的服务主动性	5	4	3	2	1
	45. 服务人员的服务态度和语言	5	4	3	2	1
	46. 服务人员解答问询快速、准确	5	4	3	2	1
换乘	47. 地铁线路之间的换乘	5	4	3	2	1
	48. 换乘的候车时间	5	4	3	2	1

3 投诉处理

(1) 是否有投诉经历：是 ____；否 ____。

(2) 您若有投诉经历，请填写下表(表5-6)。

投诉处理评价表　　　　　　　　　　　　　表5-6

类别	投诉处理评价项目	很满意	比较满意	一般	不太满意	非常不满
投诉处理	1. 接待投诉乘客的态度、语言	5	4	3	2	1
	2. 热线接听及时	5	4	3	2	1
	3. 热线接线员说话语气、音量	5	4	3	2	1
	4. 投诉处理速度	5	4	3	2	1
	5. 投诉处理结果	5	4	3	2	1

4 您的个人信息(表5-7)

乘客个人信息表　　　　　　　　　　　　　表5-7

性　别	①男 ② 女	常住人口（本市半年以上）	①是 ②否
年龄	①＜20；②21～30；③31～40；④41～50；⑤51～60；⑥＞60		
学历	①初中及以下；②高中/中专；③大专/本科；④硕士/博士		
职业	①公务员；②企业员工；③自由职业；④私营业主；⑤学生；⑥军人；⑦农民；⑧离退休人员；⑨各种专业人士(如教师、医生、科研技术人员)；⑩其他(请注明＿＿＿)		
月收入	①无收入；②少于800；③800～2 000；④2 000～4 000；⑤4000～6 000；⑥6 000～8 000；⑦8 000元以上		
乘坐地铁支出来源	①完全自费；②单位部分报销；③单位全额报销；④领取交通补贴		

调查时间：_____时_____分　　　线路：_____　站名：_____

调查员：_____　　　　　监督员：_____

复习与思考

1. 城市轨道交通服务质量常用评价模型有哪几种？请简要阐述。
2. 简述各种服务质量评价方法的特点。

附录 《城市轨道交通客运服务(第2版)》课程标准

一 前言

1 课程性质

《城市轨道交通客运服务(第2版)》是城市轨道交通运营管理专业的一门专业核心课。

《城市轨道交通客运服务(第2版)》是以客运服务过程中的乘客为对象,研究如何提高服务质量和服务艺术的一门学科。通过本课程学习,使学生具备城市轨道交通客运服务的各项礼仪知识、职业素质和服务的相关技巧,学习纠纷处理的一般性原则和方法,从而使得学生能够在客运服务中表现出较高的职业素养。

2 设计思路

本课程的总体设计思路是:紧扣城市轨道交通运营管理专业的人才培养方案,以"基于工作过程"为指导,校企合作,共同进行课程建设和课程教学。

在课程内容设计上,分析城市轨道交通运营管理专业的专业背景、专业所涵盖岗位群的典型工作任务,并以此为依据确定本课程的课程目标及基本内容。

在课程教学方法和教学手段设计上,根据高职学生的认知规律和知识基础,采用启发式、互动式、讨论式教学方法,并在若干教学单元使用角色扮演、模拟案例、模拟流程、模拟情景等方式实施情景化教学,并以此锻炼学生自主探索、合作学习的能力。

在教学效果考核上,采取过程评价与结果评价相结合的方式,重点考核学生的职业能力。

二 课程目标

1 能力目标

(1)会化工作妆。

(2)能够进行正确的制服穿着。

(3)掌握站姿、坐姿、行姿以及手势的具体要求,并能在工作中熟练应用。

(4)能进行一卡通(储值票)充值服务、售票服务、补票服务及处理坏票服务并能够利用相关服务技巧处理乘客常见票务问题。

(5)能进行安检服务,并能有效处理安检时的乘客纠纷。

(6)能够利用相关服务技巧(自助售票服务、检票服务等)引导乘客安全快速地进出站。

(7)能够进行候车服务和车站广播服务,保证乘客在站台的安全。

(8)能够有效地处理乘客投诉。

2 知识目标

(1)了解城市轨道交通客运服务人员的基本仪容要求和着装规范。

(2)掌握不同情况下站姿、坐姿、行姿及手势的基本要求。

(3)掌握城市轨道交通服务人员的服务规范用语。

(4)熟悉地铁票务政策。

(5)掌握地铁安全检查政策。

(6)掌握广播服务五要素。

(7)掌握投诉处理原则与技巧。

3 素质目标

(1)爱岗敬业、吃苦耐劳、知理守信。

(2)团队精神、沟通协调。

(3)认真细致、精益求精。

(4)安全意识。

三 课程内容和要求

根据以上《城市轨道交通客运服务》课程的设计思路和课程目标,现将课程教学设计的项目、内容以及对应的课时数,列表如下。

序号	模块(或子模块)名称	学　　时
1	基本服务礼仪	20
2	客服中心服务	4
3	站厅服务	4
4	站台服务	4

续上表

序号	模块（或子模块）名称	学　　时
5	应急服务	4
6	乘客投诉处理	8
7	服务质量评价	6
合计		50

四 实施建议

客运服务和其他专业课有着很大的不同，它几乎完全是能力的培养，靠死记硬背肯定是行不通的，学生学习效果的好坏能直接从他自身的日常行为反映出来。

（1）在教学方法上，会给学生看一些站姿、坐姿、走姿等方面的录像，结合生活中的具体案例并模拟一些可能会发生的案例来进行讲授。

（2）学生需要在课堂上认真听讲，积极配合老师的教学

（3）看录影带主要是为了让学生了解礼仪的外在表现形式，结合具体的案例主要是能够让学生体会到礼仪的重要性，模拟案例主要是为了让学生学会如何去处理问题。

（4）教材选用符合大纲要求；设备、设施（条件）等保障条件服从大纲要求。

五 教学评价

评价标准包括情感态度、基础知识、专业知识、基本技能、分析解决问题能力等方面。本课程可采取案例分析、小组讨论、角色扮演现场打分或点评、学生分组互评等方式。

六 教材与参考资料

高蓉.城市轨道交通客运服务，2版[M].北京：人民交通出版社，2012.

参考文献

[1] 刘莉娜. 城市轨道交通客运组织[M]. 北京:人民交通出版社,2010.
[2] 董正秀. 铁路客运服务礼仪[M]. 北京:中国铁道出版社,2006.
[3] 宏阔,刘小红. 航空服务礼仪概论[M]. 北京:中国民航出版社,2008.
[4] 尹志坤. 旅客列车乘务细节与礼仪[M]. 北京:中国铁道出版社,2006.
[5] 铁道部运输局. 动车组服务礼仪,2007.
[6] 铁道部运输局. 动车组车站客运人员服务规范,2007.
[7] 北京京港地铁有限公司. 乘客服务指导手册,2010.
[8] 北京地铁运营三分公司. 入职员工培训教材,2008
[9] 北京地铁运营公司. 城轨车站客运服务,2009.
[10] 上海申通地铁集团有限公司和轨道交通培训中心.城市轨道交通车站客运服务[M].北京:中国铁道出版社,2010.
[11] 裴瑞江. 城市轨道交通客运组织[M]. 北京:机械工业出版社,2009.
[12] 李霞. 大学生礼仪指导与训练[M]. 北京:首都经济贸易大学出版社,2009.
[13] 广州地铁车务一部. 站务员应知应会,2006.
[14] 贾俊芳. 城市轨道交通服务质量管理[M]. 北京:北京交通大学出版社,2012.
[15] 朱海燕,王伟雯,何静等. 城市轨道交通客运组织[M]. 北京:中国铁道出版社,2009.
[16] 秦国栋,陈燕申,张素燕. 城市轨道交通客运服务标准编制研究[J]. 城市交通,2008,(03).
[17] 皋琴,李卫军,饶培伦,郭道静,陈翠玲. 北京地铁服务质量评价[J]. 城市轨道交通研究,2011,(02).